Die Fallers

Eine Schwarzwaldfamilie

Das Backbuch
zur Südwestfunk-Fernsehserie

Backen mit den Fallers

Traditionelle Lieblingsrezepte aus dem Schwarzwald

Hans-Albert Stechl

G. Braun *SÜDWEST***FUNK:**

Inhalt

Verzeichnis der Rezepte 6

Backen im Schwarzwald 11

Obstkuchen 27

Käse-, Nuß- und sonstige Kuchen 39

Strudel, Rollen, Kränze und Zöpfe 47

Torten 55

Fasnetküchle und Schmalzgebackenes 65

Weihnachts- und anderes Festtagsgebäck 69

Arme Ritter und Co. 77

Salziges 81

Brot 85

Cafés 91

Der Fallerhof

Fotos: Gerhard Bäuerle, Robert Dreikluft, Hans W. Karger, Werner Richner, Manfred Schaeffer, Kai-Uwe Schneider; Szenenfotos: Südwestfunk

Wir bedanken uns bei den Cafés und Bäckereien, die uns folgende Rezepte zur Verfügung gestellt haben:

Café Becker, Titisee-Neustadt, S. 94
Café Feldblick, Titisee-Neustadt, S. 60 re, S. 61 li, S. 91
Café Kammerer, St. Georgen, S. 49 li, S. 62 li, S. 75 re, S. 92
Bäckerei Knöpfle, St. Peter, S. 87, S. 88 re, S. 93
Café H. Mayerhöfer, Furtwangen, S. 55, S. 95

Für weitere Rezepte bedanken wir uns bei:
Maria Bauser, Magstadt, S. 28 li oben
Helga Bruder, Gengenbach, S.74 li
Ursula Cantieni, Konstanz, S. 50, S. 59, S. 61 re
Edith Jourdan, Althengstett, S. 31 re
Frida Lörcher, Calw-Alzenberg, S. 66 re oben
Waltraud Maurer, Kirchzarten, S. 67 li
Ingrid Mühlen, Schmelz, S. 56 re
Eva-Maria Neumayer-Wagner, Herrenberg, S. 78 li unten
Marina Pfetsch, Blaubeuren-Seißen, S. 67 re unten
Christa Przybylski, Waldshut-Tiengen, S. 36 re, S. 67 re oben, S. 77, S. 78 re unten
Josefine Rapp, Karlsruhe, S. 27, S. 29 re
Erika Schnipper, Laufenburg, S. 78 re oben, S. 79 li unten
Renate Sprenger, Stuttgart, S. 79 li oben
Helga Trautwein, Bruchsal, S. 49 re
Nicole Wehrle, Furtwangen, S. 66 li
Anni Wiesler, Waldkirch-Kollnau, S. 66 re unten

Alle anderen Rezepte: Hans-Albrecht Stechl, Freiburg

Konzeption/Redaktion: Helmut Rapp (SWF),
Bettina Bauer-Wörner (SWF), Marion Sippel (SWF), Renate Telzer

Die Deutsche Bibliothek – CIP-Einheitsaufnahme

Stechl, Hans-Albert:
Backen mit den Fallers : das Backbuch zur Südwestfunk-Fernsehserie ; traditionelle Lieblingsrezepte aus dem Schwarzwald / Hans-Albert Stechl. Südwestfunk. – Karlsruhe : Braun, 1997
ISBN 3-7650-8185-X

Verzeichnis der Rezepte

Obstkuchen

Apfelkuchen 28
Apfelkuchen, gedeckt 27
Apfelkuchen, gerührt 28
Aprikosen- oder Pfirsichkuchen 30
Aprikosenkuchen aus getrockneten Früchten 31
Birnenkuchen mit Karamelguß 29
Birnenkuchen, gedeckt 29
Erdbeerkuchen 34
Heidelbeerkuchen 33
Johannisbeerkuchen 35
Kirschkuchen mit Grießfülle 31
Kirschkuchen mit Guß 32
Kirschkuchen nach Großmutter-Art 32
Mirabellkuchen 34
Quittenkuchen 37
Rhabarberkuchen 36
Rhabarberkuchen mit Rahmguß 36
Stachelbeerkuchen 33
Traubenkuchen 37
Zwetschgenkuchen 35

Käse-, Nuß- und sonstige Kuchen

Bienenstich 43
Butterkuchen 93
Eßkastanienkuchen 44
Haferflockenkuchen 44
Haselnußkuchen 41
Kartoffelhörnchen 40
Kartoffelkuchen 45
Käsekuchen 39
Käsekuchen mit Früchten 39
Königskuchen 45

Napfkuchen 42
Schokoladenkuchen 42
Streuselkuchen mit Quark 43
Walnußkuchen 42
Zimtkuchen 40

Strudel, Rollen, Kränze, Zöpfe
Apfelstrudel 48
Biskuitrolle 50
Biskuitrolle mit Sahne-Früchte-Füllung 50
Eierwecken (Kindsbett-Wecken) 49
Gefüllter Hefekranz 51
Gugelhupf 51
Haselnußkranz 47
Hefezopf 53
Marzipanzopf 52
Mohnkranz 52
Rahmstrudel 48
Schwarwälder Kirschrolle 49

Torten
Aprikosen-Kuppel-Torte 91
Badische Winzertorte 94
Gelberübentorte 60
Himmelstochtertorte 61
Linzer Torte 61, 95
Mokkacreme-Torte 62
Rieslingtorte 60
Rübchentorte 59
Schwarzwälder Kirschsahnetorte 56
Schwarzwälder Kirschtorte 55, 56
Schwarzwälder Kirschtorte (mit Eierlikör) 57
St. Georgener Haselnußtörtchen 62

Fasnetküchle und Schmalzgebackenes
Alemannische Schenkeli 66
Fasnetküchle 66
Gwellti Kichli 67
Nonnenfürzle 67
Polsterzipfel 67
Scherben 65
Strauben 66

Weihnachts- und anderes Festtagsgebäck
Butter-Ausstecherle 70
Christstollen 74
Dattelmakronen 72
Feine Lebkuchen 73
Haferflockenringe 70
Haselnußhörnle 72
Haselnußmakronen 72
Hildabrötchen 69
Honiglebkuchen 73
Kokosmakronen 72
Mandelherzen 74
Osterlaible 75
Osterlamm 75
Spitzbuben 71
Springerle 70
Vanillehörnle 71
Zimtsterne 71

Arme Ritter & Co.
Arme Ritter 78
Bettelmann 79
Grießpflutten 78
Grießschnitten 78
Ofenschlupfer 79
Pfitzauf 79
Schwarzwälder Soufflé mit Kirschwasser 77
Wasserschnitten 78

Salziges
Flammkuchen 83
Käse-Speck-Torte 82
Käsegebäck 82
Rahmkuchen vom Blech 83
Schinken-Käse-Taschen 81

Brot
Birewegge 92
Frühstücksbrötchen aus Weizenschrot 88
Grahambrot 86
Hutzelbrot 89
Schnitzbrot (Birnenwecken) 85
Schwarzwälder Bauernbrot 87
Speck- und Zwiebelbrot 88

S. 8/9: Am Wiedener Eck

S. 10: Holzvorrat fürs Backhüsle und für den Kachelofen

S. 12/13: Wenn der Wind über den Schwarzwald pfeift, werden aus Getreidefeldern Kunstwerke

S. 14/15: Vom Korn zum Brot: ehemalige Getreidemühle bei Fohrenbühl

S. 16: Ein kunstvoll geschnitzter Kleiekotzer: er soll die bösen Geister vom Mahlgut fernhalten

S. 17: Lohn der Arbeit: duftender Kuchen vom Blech

S. 18: Auf dem Weg zur Apfelernte: Schwarzwälder Bauersfrauen haben immer alle Hände voll zu tun

S. 19: Das Backhüsle ist angeheizt, die Kuchen können kommen

S. 20: Altes Zunftzeichen eines Bäckers: eine Brezel, zwei Holzschieber, Jahreszahl und Initialien

S. 21: Farbenfroher Erntedank

S. 23: Kühe bei der „Landschaftspflege" im Hochschwarzwald

S. 24/25: Schmalblättrige Weidenröschen in voller Blüte am Buskopf

Der Duft, den frischgebackenes Holzofenbrot verströmt, ist unvergleichlich. Diese herb-würzige Mischung aus den Röstaromen der krossen Rinde und den Resten des Holzes, mit dem der Backofen befeuert wurde, hat – es ist erst wenige Generationen her – die niedrigen Stuben der Bauernhöfe im Schwarzwald mit schöner Regelmäßigkeit durchzogen.

Nicht täglich und auch nicht wöchentlich, denn das Anheizen des aus Steinen oder einem Gemisch aus Lehm und Häcksel erbauten Backofens war arbeitsintensiv, verbrauchte reichlich Holz und lohnte deshalb nur, wenn gleich größere Mengen gebacken wurden. Aber mindestens einmal im Monat war es auf jedem Hof soweit: der Brotbacktag stand an. Und da es dann hieß, für die ganze Familie, vom Großvater bis zum Enkelkind, ausreichend Brot für die nächsten drei bis vier Wochen auf Vorrat zu backen, mußten ordentliche Teigportionen angerichtet werden. Von einem Bauernhof in der Nähe von St. Peter sind uns die Mengenangaben überliefert, die damals an einem einzigen Backtag verarbeitet wurden: fast 30 Pfund Mehl wurden in einen großen, länglichen Holztrog geschaufelt, hinzu kamen vier bis fünf Würfel Hefe, sechs Handvoll Salz und die notwendige Menge Wasser. Das Mehl kam meist vom eigenen Hof, denn einen Getreideacker hatte fast jeder. Und um die Jahrhundertwende gab es alleine auf der Gemarkung von St. Peter auch noch 53 private, wassergetriebene Hofmühlen. Nur drei davon haben sich bis auf den heutigen Tag erhalten.

Da es elektrische Küchenmaschinen nicht gab, hieß es nun die Ärmel hochkrempeln, sich tief über den Backtrog bücken und bis zu den Ellenbogen hinein ins Mehl greifen und kneten, kneten und nochmals kneten, eine halbe Stunde und länger. Vor allem mußte Luft unter die Teigmasse gearbeitet werden, damit das Brot leicht und locker wurde. Hierzu mußten immer wieder Teigklumpen genommen, gegen den Rand des Troges geschlagen und dann wieder zusammengeknetet werden. Gut durchgearbeitet war der Teig erst dann, wenn er nicht mehr an den Holzbohlen des Troges kleben blieb, sondern sich leicht von ihnen lösen ließ. Das alles erforderte zum einen viel Erfahrung, Fingerspitzengefühl und Können, zum anderen war es aber auch eine rechte Knochenarbeit, die viel Kraft kostete und in die Arme und ins Kreuz ging. Und deshalb war auf den Bauernhöfen das Brotbacken, zumindest was die Zubereitung des Teiges anbelangt, häufig Männersache.

War dieses Werk getan, wurde der Trog mit einem Brett abgedeckt, und der Teig hatte nun reichlich Zeit zu gehen, Sauerteig oder Hefe konnten in Ruhe ihre Arbeit tun. Diese Zeit, die man dem Teig damals noch gönnte, war übrigens ein entscheidender Grund für die geschmackliche Qualität des Brotes – ein Geschmack, den wir oft nur noch aus der Erinnerung kennen und trotz all der vielfältigen Brotsorten, die uns heute angeboten werden, letztendlich doch vermissen. Dabei gab es früher für den täglichen Bedarf in der Regel nur drei Brotsorten: Weißbrot, Schwarzbrot und Mischbrot, aber wie die schmeckten! All die Knusperlaibe, Müslikästen und Mehrkornschrotlinge, die heute die Auslagen der Bäckereien füllen, sind Erfindungen neueren Datums. Aber wie so häufig ist auch hier die schiere Vielfalt noch lange keine Garantie für erstklassige Qualität. Diese muß man suchen, aber mit ein bißchen Geduld und Spürsinn findet man sie zunehmend auch wieder: bei Bäckern, die sich auf traditionelle Herstellungsmethoden zurückbesinnen, und auch auf manchen Bauernmärkten, wo von selbstvermarktenden Bauernhöfen wieder Holzofenbrot angeboten wird, dessen Teig noch in Ruhe gehen konnte. Ein junger Bäckermeister aus dem Hochschwarzwald erinnert sich noch gut an die Erzählungen seines Großvaters über dessen Lehrjahre, als sich nach dem Kneten des Teiges Lehrling, Geselle und

Meister erst einmal auf die Mehlsäcke hockten und etliche Runden Zego, das Kartenspiel der Hochschwarzwälder, klopften, bevor sie an die Weiterverarbeitung gingen. Heute kürzen häufig besondere Treibmittel diesen Zeit- und damit Kostenfaktor so gründlich ab, daß sich die Aromastoffe aus dem Getreide nicht mehr in aller Ruhe entfalten können und der Geschmack des Brotes darüber auf der Strecke bleibt.

War der Teig endlich gut gegangen, machte sich die Bäuerin ans Formen der Laibe. Normalerweise wurden große, runde und hochgewölbte Brote hergestellt, die sich zum langen Aufbewahren besonders gut eigneten. Gelegentlich wurden zusätzlich auch ein paar flache Fladen für den alsbaldigen Verzehr geformt. Und nun ging es ans eigentliche Backen. Schon Stunden vorher mußte hierfür das Backhüsle angeheizt werden, wenn es ging mit Buchenholz, da dieses dem Brot einen besonders feinen und aromatischen Geschmack verleiht. Das freistehende, meist auf der windabgewandten Seite des Bauernhofes errichtete

Backhüsle, wie man es heute noch hier und da sieht, hat sich übrigens erst im Laufe der Zeit entwickelt und durchgesetzt, und zwar aus Gründen der Sicherheit: die Brandgefahr für das Gehöft wurde dadurch erheblich reduziert, verglichen mit den früher direkt in der Küche oder in der Kammer daneben installierten Backöfen. Nach einer Vorheizzeit von etwa vier Stunden konnte mit dem Backen begonnen werden. Hierfür mußte die restliche Glut aus dem Ofen entfernt, mit einem Reisigbesen die Asche herausgekehrt und dann die Backtemperatur überprüft werden. Sie durfte weder zu hoch noch zu niedrig sein. Dazu legte man ein Stückchen Papier in die Mitte des Backofens: wenn es rasch braun wurde, ohne sofort in Flammen aufzugehen, war die Ofenhitze in Ordnung. Nun wurden die Laibe mit einem langen Holzschieber Stück für

Stück hineingeschoben. Nach etwa zwei Stunden waren sie fertig – duftend, knusprig, braun und mit einem bißchen Asche vom Buchenholz, die an der Unterseite kleben geblieben war, sozusagen als natürliche Würze.

Manche Orte im Schwarzwald haben früher kommunale Backhäuschen eingerichtet, die von der ganzen Bevölkerung genutzt werden konnten. Das sparte Geld und ermöglichte es auch Bauern, die sich kein eigenes freistehendes Backhäusle leisten konnten, auf die im wahrsten Sinne des Wortes brandgefährliche Bäckerei unter dem eigenen Dach zu verzichten. Mit der Rückbesinnung auf die traditionelle Herstellung von Nahrungsmitteln erleben diese „Commun-Backöfen", wie sie in einer staatlichen Verordnung aus dem Jahre 1808 genannt wurden, in einigen Gemeinden in jüngster Zeit sogar wieder eine

Renaissance. So wurde beispielsweise in Vöhrenbach erst kürzlich mitten im Ort eine Getreidemühle mit angeschlossenem Backhaus nach alten Plänen zur allgemeinen Nutzung wiedererrichtet. Um die Brotlaibe zum kommunalen Backhaus transportieren zu können, wurden sie früher in geflochtene Weidekörbe, sogenannte Zainen, gelegt, die dem noch weichen Teig auf der Unterseite ein hübsches, ganz charakteristisches Muster eindrückten. Das fertiggebackene Brot mußte dann trocken und kühl gelagert werden, damit es bis zum nächsten Backtag in drei oder vier Wochen hielt. Hierzu wurde es in die Brotzainen zurückgelegt, wo es luftig aufgehoben war, und darin an Schnüren unter die Decke der Vorratskammer gehängt, wo ihm auch die Mäuse nichts anhaben konnten.

Wenn das Brot fertig gebacken war, hatte der Backofen immer noch jede Menge Restwärme, die in Zeiten, als die Energie noch nicht einfach aus der Steckdose kam, auf keinen Fall verschwendet werden durfte. Es war nun Zeit, Hefekränze, Kuchen und danach noch allerlei Kleingebäck in den Ofen zu schieben. Auch zum Dörren und damit zum Haltbarmachen von Obst wurde die Restwärme noch sinnvoll ausgenutzt.

So wichtig das Brot seit eh und je für die Ernährung der Bevölkerung war – berühmt, und zwar weltweit, wurde ein gänzlich anderes Produkt aus Schwarzwälder Backstuben. Kein einfaches und unprätentiöses Grundnahrungsmittel wie das Brot, sondern ein opulentes, verziertes und herausgeputztes Stück Backkunst, die verkörperte (Nasch)Sünde schlechthin. Die Rede ist – wovon sonst? – von der Schwarzwälder Kirschtorte. Für diese mächtige Anhäufung von Sahne, Kirschen und schnapsgetränktem Biskuit aus der Zeit vor der Erfindung der Kalorientabellen gibt es nicht nur ein einziges „Original“-Rezept, sondern eine ganze Reihe. Damit teilt die Schwarzwälder Kirschtorte das Schicksal vieler anderer kulinarischer Spezialitäten und Köstlichkeiten: ähnlich wie bei der Wiener Sachertorte gibt es einige Grundregeln für ihre Zubereitung. Der Rest ist dann meist der persönlichen Kreativität oder Vorliebe des Konditors bzw. des Kochs überlassen. Den Mindeststandard einer echten Schwarzwälder Kirschtorte definiert Meyers Enzyklopä-

disches Lexikon ganz prosaisch wie folgt: „Geschichtete und mit Kirschwasser getränkte Schokoladen-Biskuitböden, zwischen ihnen in Schlagsahne gebettete Sauerkirschen, verziert mit Schlagsahne, Kirschen und Schokoraspeln". Da es auf dieser Grundlage viele schöne und leckere Varianten gibt – ganz einfache ebenso wie hochkomplizierte –, haben wir aus der Not eine Tugend gemacht und uns deshalb nicht angemaßt, für unser Backbuch das angeblich einzige richtige Rezept herauszusuchen. Vielmehr stellen wir vier unterschiedliche Möglichkeiten zur Auswahl, von denen jede ihren Reiz hat – die schnell gemachte für den Überraschungsbesuch ebenso wie diejenige für die sorgfältig vorbereitete Festtagstafel.

Die unterschiedlichen Rezept-Varianten beantworten allerdings noch lange nicht die immer wieder gestellten Fragen: Woher kommt eigentlich die Schwarzwälder Kirschtorte? Und wer hat sie erfunden? Die schönste und zugleich dem Reich der reinen Phantasie zuzuordnende Geschichte hierzu lautet so: Ein persischer Koch und Eunuch im kaiserlichen Harem habe sie entwickelt, um

die Damen so schnell und so genußvoll wie möglich auf das dort so geschätzte füllige Schönheitsideal zu bringen (was bei nachgerechneten 420 Kalorien pro durchschnittlich großem Stück Schwarzwälder Kirschtorte sowie der Tatsache, daß das erste verzehrte Stück auf das zweite und dritte geradezu süchtig macht, sicherlich im Handumdrehen geglückt wäre). Schon etwas orts- und realitätsnäher ist die Geschichte vom Konditormeister aus Baden-Baden, dessen Ehrgeiz es war, das internationale Publikum nach dem Besuch des schönsten Spielkasinos der Welt mit einer gleichermaßen einmaligen wie unvergeßlichen süßen Spezialität zu überraschen. Ein Schweizer Journalist wartete dann vor etwa zwanzig Jahren nach angeblich langwierigen Recherchen mit einer völlig neuen Variante über den Ursprung der Schwarzwälder Kirschtorte auf: Fernab vom Schwarzwald, im Bad Godesberger Café Anger, habe der Konditorgeselle Josef Keller zum erstenmal Sahne, vermischt mit Kirschen und Kirschwasser, auf Biskuit-Böden gehäuft. Als er vier Jahre später im Café Keller in Radolfzell die Meisterprüfung ablegte, setzte er

diese Tradition fort. Und, ganz wichtig: er brachte das Rezept – wohl als erster – zu Papier. Als Ergebnis all dieser Nachforschungen bleibt somit festzuhalten: ganz gleich, wer sie wo und wann erfunden hat, es ist in erster Linie das echte Schwarzwälder Kirschwasser, das eine Schwarzwälder Kirschtorte zur echten Schwarzwälder Kirschtorte werden läßt. Denn: „Mindestens sechs Prozent der verarbeiteten Sahnemenge müssen Kirschwasser sein", diktiert sogar die in bezug auf Alkoholmißbrauch unverdächtige Bundesfachschule für das Konditoreihandwerk.

Die Schwarzwälder Backkunst und Backtradition wären jedoch nur höchst unvollständig beschrieben, würde man es bei den beiden Eckpfeilern, dem Brot für die Werktage und der Schwarzwälder Kirschtorte für die Sonn-, Fest- und Feiertage, belassen. Nicht weniger wichtig ist die Tradition, zu bestimmten Festtagen auch ganz spezielles Backwerk herzustellen. Vor allem Ostern mit den Osterlämmern, aber auch Kirchweih und die Fasnachtstage sind bekannt dafür, daß es hier süße Besonderheiten zu naschen gibt, auf die man das restliche

Jahr über verzichten muß. Daß vor allem Kinder diesen Tagen schon immer sehnsüchtig und erwartungsvoll entgegenfieberten, belegt ein alter Kinderreim aus dem schwäbisch-alemannischen Raum:

Luschtig isch die Fasenacht,
wenn die Mueder Küechli bacht.
Wenn sie aber kaini bacht,
isch kai luschtig Fasenacht!

Daß sich gerade bei der besonders ursprünglichen und traditionsreichen schwäbisch-alemannischen Fasnacht alte Rezepte und Eßgewohnheiten nebst Volksweisheiten und Aberglaube zu einer bunten Mischung vereinen, kann niemanden verwundern. Dem Fasnachtskrapfen kommt dabei eine ganz besondere Bedeutung zu. Schon in Abbildungen aus dem Mittelalter wurden (Fasnachts-) Narren häufig mit einer Brotkugel in der Hand dargestellt. In der Fürstlich Fürstenbergischen Hofbibliothek in Donaueschingen wird ein mehrere Jahrhunderte altes Fasnachtskrapfenrezept aus dem Kloster Rottweil aufbewahrt: *„mel, aijer, wasser, salz, ol und ein pfan darin der krapff gebacken werd ...“.* Ganz ähnlich liest sich die uralte Rezeptur aus der Benediktiner-Abtei St. Blasien: *„... zu einem fastnachtkrapffen gehored acht ding, das ist: lauter mel, ayer, wasser, die fulle, saltz, smalcz, das fewer, die pfanne“.* Ein Striebli (Strauben)-Rezept, ebenfalls ein beliebtes Schwarzwälder Fasnachtsgebäck, haben die Nonnen vom Säckinger Stift aufgeschrieben:
„figen, mandel, papfert, zuckher, borbonen, bummranzen, zubelin, saffert, lettwergen und allerley gewircz um strüblin bache“.
Und aus dem Jahr 1730 ist uns eine durchaus leckere Rezeptur für „Nonnen Krapfel“ überliefert:

„Erstlich nehmt ein halbe Maaß gar schönes Honig, und von 4 Bazen Lebzelte den muß man gar klein reiben. Darnach nihmt man 3 Mußkatnuß, groblet zerschnitten, auch Zimmet, Nägerl, Ingwerstüg, diese Gewürz muß man 2 Stund in Rosenwasser waichen. Pfeffer, Anis und Coriander zerknirschen, Zitronenschalle. Diese Stück knettet alle wohl untereinander ab, zu einem vesten Taig und lasts 2 Tag in der Wärme stehen. Danach macht Küglein darauß, wie groß ihr die Krapfel haben wolt."

Ob Fasnachtskrapfen oder Fasnachtsküchle – zwischen beiden wird nicht streng unterschieden. In der einen Gemeinde hat der Krapfen Tradition, in der anderen das Küchle. Eine etwa 60 Jahre alte statistische Erhebung hat lediglich zu Tage gefördert, daß die Orte mit Küchle-Tradition denjenigen mit Krapfen-Tradition zahlenmäßig um rund das zehnfache überlegen sind. Entsprechend vielfältig sind auch die Formen, in denen Küchle gebacken werden: es gibt kreisrunde und ovale, trapez- und rautenförmige, rechteckige, dreieckige und quadratische, dazu sol-

che mit ausgefransten oder glatten Rändern, gewölbte wie die „Scherben“ oder flache wie die „Flecken“.
Während Krapfen und Küchle reines Fasnachtgebäck sind, markiert die Brezel schon den Übergang zur Fastenzeit. Ein nicht unbedingt zur Nachahmung empfohlenes Rezept für die Herstellung von Fasnachtsbrezeln kann dem „Grossen Universal-Lexikon“ von 1733 entnommen werden:

„Man macht das Mehl mit Wasser und Heffen ein, bereitet einen festen Teig wie ein Stein, bricht hierauf denselben mit einer Breche, auf welcher ein Beckknecht sitzet, und zwey Mann dieselbe ziehen. Der da oben sitzet, schlaget auf den Teig immer ein, das er so glat ist wie ein Spiegel. Nach diesem schneidet man ihn in kleine Stückgen, welche hernach gewältzet und zusammen geschlossen werden. Man läst darauf in einen Kessel siedendes Wasser. Daselbst lässet man sie eine kleine Weile, schiebt sie in den Ofen. Sind sie ongefähr eine halbe viertel Stunde darin gewesen, werden sie wieder herausgenommen und alsdann sind sie zum Essen gut.“

Mit dem Ende der Fasnacht und dem Beginn der Fastenzeit war auch eine kulinarische Pause angesagt, wie ein alter Spruch aus dem Hotzenwald belegt:

D' Chuchipfann hät e Bei ab,
d' Ankehafe hät dr Bode duß,
und jetz isch de alt Fasnet us!

Kaum ist die Fastenzeit vorüber, können sich vor allem Kuchenliebhaber auf einen vom Frühjahr bis in den späten Herbst reichenden Reigen von Obstkuchen aller Art freuen. Von den ersten Frühkirschen über Erdbeeren und Stachelbeeren bis zu den letzten Spätzwetschgen, Äpfeln

und Birnen liefert der Schwarzwald alles Obst, das sich gerade für saftige und duftende Kuchen direkt vom Blech oder aus der runden Backform besonders gut eignet. Im rauheren Klima des Hochschwarzwaldes wird das Obst zwar nicht immer so groß, so rund und so pausbackig schön wie in den wärmeren Regionen im Tal. Dafür läßt es an Geschmacksintensität und Aromareichtum nichts vermissen. Manch kleiner, etwas fleckiger und unscheinbarer Apfel von einem alten, knorrigen Baum, der auf einer hochgelegenen Streuobstwiese steht, schmeckt viel sortentypischer und intensiver als der glattschalige, große und äußerlich makellose Bruder vom Apfelstrauch, der nur auf Optik und Ertrag gezüchtet wurde. Zudem bringt der gerade im Hochschwarzwald sonnenverwöhnte Herbst die letzte Süße und Kraft ins Obst. Und mit dem Herbst und den sich ankündigenden langen Winterabenden beginnt – vor allem für Kinder – dann auch schon die Vorfreude auf die schönste aller (Back)Zeiten: die Zeit der Weihnachtsbäckerei, der Gutzle und der Hutzelbrote

Dieses Backbuch lädt Sie nunmehr ein, zusammen mit der Faller-Familie den bewährten und traditionsreichen Backrezepten aus dem Hochschwarzwald durch alle Jahreszeiten hindurch auf die Spur zu kommen. Es lädt vor allem auch ein, selbst auszuprobieren und nachzubakken. Ein kräftiges Brot etwa, saftig-süße Kuchen und Torten oder feines Gebäck. Auf daß der unvergleichliche Duft von frischem Kuchen und frischem Brot nicht nur durch die Küche und die gute Stube des Fallerhofes zieht, sondern auch durch Ihre eigene Wohnung!

Und Tschüss! Kati (Christiane Bachschmidt) auf dem Weg nach Caracas zu ihrer Tochter Eva.

Katis Lieblingskuchen

Vor dem Abflug sei ihr plötzlich ganz schlecht geworden, teilt Eva ihrer Mutter mit und bleibt in Caracas. Darüber kann Kati nur lachen, obwohl ihr eigentlich eher zum Weinen ist. Seitdem ihr Ex-Mann Norbert wieder in ihrem Leben aufgetaucht ist, sind Katis Probleme mit ihrer Tochter Eva nicht gerade weniger geworden. Norbert wollte seine Tocher kennenlernen, und Eva war durch nichts und niemanden davon abzuhalten, die Einladung ihres Vaters nach Venezuela abzulehnen. Sehnsüchtig wartete Kati auf ihre Rückkehr.
Doch auch nachdem bereits alle Passagiere ausgecheckt haben, ist keine Eva in Sicht. Sie hat den Flug in Caracas nie angetreten.
Die Familie ist ratlos, Kati ist sauer auf Hermann, weil er dafür war, Eva mit ihrem Vater gehen zu lassen, Christina weiß gar nicht, warum sich alle so aufregen, Johanna weiß auch nicht weiter, und Karl sagt lieber gar nichts. Nur Wilhelm ist klar, daß Reden in so einer Situation sowieso nicht hilft: Er drückt seiner Enkelin lieber ein Flugticket nach Venezuela in die Hand: „Hol die Eva zurück“. Und so machen sich Johanna und Kati am nächsten Morgen wieder auf den Weg zum Flughafen. Wieder ein Abschied von Mutter und Tochter.

Gedeckter Apfelkuchen

Zutaten:
Teig: 125 g Butter, 125 g Zucker, 300 g Mehl,
1 Ei, 1 Prise Salz, Mandelblättchen.
Füllung: 750 –1000 g säuerliche Äpfel, 2 TL Zimt,
100 g Rosinen, ca. 100 ml Rum,
Zucker nach Belieben.

Zubereitung:
Einen Knetteig aus den Zutaten herstellen. 2/3 davon in eine Form als Teigboden mit einem 4 cm hohen Rand drücken.
Die geschälten Apfel in dünne Scheiben schneiden und mit Zimt, Zucker, Rum und Rosinen andünsten. Nach dem Erkalten auf den Teigboden schichten.
1/3 des Knetteiges dünn ausgedrückt über die Äpfel geben. Da das Auswellen des Knetteiges sehr schwierig ist, einzelne Teigstücke zwischen den Handballen zurechtdrükken und als Mosaik auf die Äpfel legen. Die Teigdecke mit den Mandeln bestreuen.
Backzeit ca. 45 Minuten bei 200°C.
Mit Puderzucker bestäuben.

Apfelkuchen

Zutaten:
Mürbteig: 250 g Mehl, 125 g Butter, 65 g Zucker,
1 Ei, 1 EL Rahm.
Belag: 750–1000 g säuerliche Äpfel (z.B. Boskop),
geschält und in in Spalten geschnitten.
Guß: 125 g Butter, 4 Eier, Zucker.

Zubereitung:
Auf den Mürbteig die Apfelspalten schichten, Butter auslassen, 4 ganze Eier hineinschlagen und die Masse gleichmäßig auf den Äpfeln verteilen. Nach dem Backen, ca. 45 bis 50 Minuten bei 200°C, den Zucker überstreuen, damit er noch ein wenig schmilzt.

Gerührter Apfelkuchen

Zutaten:
Teig: 250 g Mehl, 4 Eier, 250 g Zucker.
Belag: 1 kg Äpfel, 100 g Zucker, 2 EL Kirschwasser.

Zubereitung:
Möglichst mürbe, säuerliche und nicht zu große Äpfel werden am Tag zuvor geschält und je nach Größe in etwa 8 Schnitze geteilt, gezuckert, mit Kirschwasser beträufelt und in einen kühlen Raum gestellt.
Eier und 250 g Zucker schaumig rühren, das gesiebte Mehl darunterziehen, den Teig in eine bestrichene Tortenform (Durchmesser 28 cm) füllen, die Apfelschnitze darauf setzen und den Kuchen bei 150°C 1 Stunde backen. Nach dem Backen den Kuchen mit feinem Zucker bestreuen.

Gedeckter Birnenkuchen

Zutaten:
1 kg vollreife, aromatische Birnen, 150 g Butter, 140 g Zucker, 4 Eier, 300 g Mehl, 1 TL Backpulver, ⅛ l Milch, 1 EL Kakaopulver, 100 g geraspelte Schokolade, 50 g Haferflocken, 1 Prise Zimt, 1 Schuß Birnenwasser.

Zubereitung:
Die Birnen schälen, vierteln, das Kerngehäuse entfernen und im Birnenwasser etwa ½ Stunde marinieren. Aus den anderen Zutaten einen Rührteig herstellen. Eine Springform ausfetten und etwa ⅔ des Teiges einfüllen, die Birnenviertel darauflegen und mit dem restlichen Teig die Birnen bedecken. Ca. 1 Stunde im Backofen bei 180°C backen.

Birnenkuchen mit Karamelguß

Zutaten:
Teig: 150 g Butter, 100 g Zucker, 250 g Mehl, 1 Ei, 1 Prise Backpulver.
Füllung: 80 g Butter, 100 g Zucker, 500 g Quark, abgeriebene Zitronenschale von unbehandelter Zitrone, Saft von 1 Zitrone, 1,5 kg reife, aromatische Birnen.
Karamelguß: 150 g Butter, 150 g Zucker, 150 g Haselnüsse, 7 EL Rum.

Zubereitung:
Aus den Zutaten einen Knetteig herstellen und in eine Form (28 cm Durchmesser) mit Rand drücken.
Die Füllung herstellen, indem Butter, Zucker, Quark und Zitronenschale verrührt werden. Die geschälten Birnen in 3 cm dicke Scheiben schneiden und auf die Füllung geben. Den Saft der Zitrone über die Birnenscheiben gießen. Mit Pergamentpapier bedecken und 45 Minuten bei 180°C backen. Zuletzt den Karamelguß darübergeben.
Karamelguß: Butter mit dem Zucker erhitzen und bräunen. Geriebene Nüsse hinzugeben, umrühren und vom Herd nehmen. Rum hinzugeben, umrühren, auf dem heißen Kuchen verteilen und erkalten lassen.

Aprikosen- oder Pfirsichkuchen

Zutaten:
Teig: 250g Mehl, 100 g Butter, 70 g Zucker, 1 Prise Salz, 1 Ei, 1 Eigelb zum Bestreichen.
Belag: 1,5 kg Früchte, ½ l Wasser, 250 g Zucker, 20 g Mandeln.

Zubereitung:
Das eingefettete Kuchenblech wird mit dem ausgewellten Butterteig belegt, den Rand 2 cm breit mit Eiweiß bestreichen und das aus Teig geflochtene Kränzchen auflegen. Sodann belegt man den Boden mit getrockneten weißen Bohnen, bestreicht den Rand mit Eigelb und bäckt den Kuchen bei 160°C etwa 30 Minuten. Während dieser Zeit werden die Früchte kurz in kochendes Wasser getaucht, geschält, halbiert, entsteint und in dem mit Wasser geläuterten Zucker in kleinen Mengen vorsichtig weichgedünstet (etwa 10 Minuten). Die Früchte erkalten lassen und dann auf den gebackenen, von den Bohnen befreiten Kuchen setzen und zwar so, daß die geschälte Rundung nach oben schaut. Darauf streut man nach Belieben geschälte, blättrig geschnittene, geröstete Mandeln, dann den dick eingekochten Saft darüberträufeln.

Aprikosenkuchen aus getrockneten Früchten

Zutaten:
Teig: wie beim Aprikosen- oder Pfirsichkuchen
oder
Butterteig: 250 g Mehl, 100 g Butter, 70 g Zucker, 1 Prise Salz, 1 Ei, 1 Eigelb zum Bestreichen.
Belag: 375 g getrocknete Aprikosen, ¾ l Wasser, 125 g Zucker, 20 g geschälte Mandeln.

Zubereitung:
Die eingeweichten Aprikosen werden mit dem Zucker in einer Messingpfanne 20 bis 25 Minuten schonend gekocht. Sodann legt man die Früchte einzeln auf eine Platte und läßt sie erkalten. Während dessen kocht man den Saft zu Gelee ein.
Eine Kuchenform von 31 cm Durchmesser wird mit dem Butterteig belegt; als Rand formt man aus Teig ein Zöpfchen, bestreicht es mit verrührtem Eigelb und bäckt den Kuchen, nachdem man den Boden mit einer Spicknadel mehrmals eingestochen hat, bei 160°C etwa 40 Minuten. Den Boden legt man dann auf eine Tortenplatte, setzt die Aprikosen dicht nebeneinander darauf, legt in die Mitte einer jeden Frucht ½ geschälte Mandel und glasiert die Früchte mit dem dick eingekochten Saft.
Nach Belieben kann man über die Früchte noch einen Meringenguß von 3 Eiweiß und 120 g Zucker streichen oder mit dem Spritzsack aufspritzen. Bei dieser Zubereitungsart muß der Kuchen nochmals 20 bis 25 Minuten in den nicht mehr so heißen Ofen kommen. Die Meringenmasse soll eine hellgelbe Färbung bekommen. Damit die Tortenplatte nicht springt, bestreut man das Blech, auf dem sie in den Ofen kommt, dick mit Salz.

Kirschkuchen mit Grießfülle

Zutaten:
1 kg Kirschen, 180 g Grieß, 1 l Milch, 120 g Butter, 120 g Mandeln, 250 g Zucker, 6 Eier, ½ Zitronenschale gerieben, 1 TL Zimt, 1 Prise Salz, Rum.
Ein Mürbeteig- oder Hefeteigboden.

Zubereitung:
Die Milch mit einem Stückchen Butter zum Sieden bringen. Darin den Grieß zu einem Brei kochen. 1 Ei darübergeben, verrühren, die Masse kaltstellen. Die übrige Butter schaumig rühren, darunter das Eigelb von 5 Eiern, den Zucker und die geriebene Zitronenschale mengen. Die geriebenen Mandeln und den Zimt, ebenso wie Arrak-Aroma oder Rum daruntergeben. Dann den Grießbrei zunächst mit etwa der Hälfte der Masse vermengen. Den Rest dann langsam dazugeben bis alles glatt ist. Ganz zum Schluß den Eischnee daruntermischen. Die Kirschen werden nicht entsteint (wegen des Aromas und der Flüssigkeit). Sie werden unter den Grießbrei gezogen. Den Boden aus Mürbe- oder Hefeteig auswellen, in die Backform geben, darauf die Fülle streichen und ca. 1 Stunde bei 200°C backen.

„Dicker Kirschkuchen“ nach Großmutter-Art

Zutaten:
120 g Butter, 120 g Zucker, 4 Eier, 1 TL Zimt, 1 EL Kirschwasser, 8 Brötchen, 1 kg Kirschen, wenig Milch.

Zubereitung:
Die Butter schaumig rühren, dann Zucker und das Eigelb hinzugeben und alles 15 Minuten gut durchrühren. Dann mengt man Kirschwasser, Zimt und die abgeriebenen, in Milch eingeweichten, ausgedrückten und zerrupften Brötchen, die Kirschen und zuletzt den Eischnee darunter. Die Masse in eine gefettete Form füllen und bei 200°C 1 Stunde backen.

Kirschkuchen mit Guß

Zutaten:
Butterteig: 250 g Mehl, 100 g Butter, 70 g Zucker, 1 Ei, 1 Prise Salz.
Belag: 1 kg ausgesteinte, nicht zu saftige Kirschen, 3 EL Weckmehl.
Guß: 3 Eier, 100 g Zucker, ½ EL Zimt, 5 zerstoßene Zwiebäcke, ⅛ l dicker, saurer Rahm.

Zubereitung:
Eine Kuchenform (Durchmesser 31 cm) wird mit Butterteig ausgelegt, ein Rand geformt, mit Backbohnen belegt und etwa ½ Stunde gebacken. Sodann entfernt man die Bohnen, streut Weckmehl darauf, belegt den Kuchen mit den Kirschen und gießt den Guß darüber.
Guß: Die Eigelbe werden mit dem Zucker schaumig gerührt, dann wird Zimt, Rahm, Zwiebackmehl und der steife Eischnee daruntergezogen. Man bäckt den Kuchen mit dem Guß nochmals ½ Stunde bei etwa 150°C.

Stachelbeerkuchen

Zutaten:
Butterteig: 250 g Mehl, 100 g Butter, 70 g Zucker, 1 Ei, 1 Prise Salz, 1 Eigelb zum Bestreichen.
Belag: 1,5 kg Stachelbeeren, 375 g Zucker, ⅛ l Wasser.

Zubereitung:
Eine Kuchenform (31 cm Durchmesser) wird mit einem Butterteig belegt, ein gezackter oder zopfartiger Rand geformt und dieser mit Ei bestrichen. Sodann sticht man den Boden einige Male mit einer Stricknadel durch, legt trockene Kirschkerne oder Bohnen darauf und bäckt den Kuchen bei 160°C knusprig (etwa 30 Minuten). Während dieser Zeit werden die Stachelbeeren von den Stielen befreit und gewaschen, sodann in kochendem Wasser einmal aufgekocht und zum Abtropfen auf ein Sieb gegeben. Man kocht den Zucker mit wenig Wasser ein, gibt die Beeren hinein und läßt sie langsam weichkochen. Dann holt man sie mit dem Schaumlöffel heraus und läßt den Saft so lange kochen, bis er Gelee bildet. Nun werden von dem gebackenen Kuchenboden die Kirschkerne entfernt, die Stachelbeeren darauf gelegt und mit dem eingekochten Saft glasiert. Nach Belieben kann man einen Meringenguß darauf spritzen, der im Ofen noch hellgelb gebakken wird.

Heidelbeerkuchen

Zutaten:
Butterteig: 250 g Mehl, 100 g Butter, 70 g Zucker, 1 Ei, 1 Prise Salz, 1 Eigelb zum Bestreichen,
oder
Hefeteig: 200 g Mehl, 60 g Butter, 1 Prise Salz, 40 g Zucker, ½ Ei, ⅛ l Milch, 10 g Hefe.
Belag: 1 kg Heidelbeeren, 2 EL Weckmehl, 100 g Zucker, ½ TL Zimt.

Zubereitung:
Eine Kuchenform (Durchmesser 31 cm) wird mit einem Hefe- oder Butterteig ausgelegt und mit einer Gabel mehrfach durchstochen. Über den am Rand ausgezackten Boden streut man etwas Weckmehl und legt die möglichst 2 Stunden vorher gewaschenen und zwischenzeitlich gut abgetropften Beeren darauf. Nun wird der Kuchen ohne Zucker eine knappe Stunde bei 160°C gebakken. Danach streut man den mit Zimt vermischten Zucker darauf.

Mirabellenkuchen

Zutaten:
Teig: 250 g Mehl, 100 g Butter, 70 g Zucker, 1 Ei, 1 Prise Salz, 1 Eigelb zum Bestreichen.
Belag: 1,5 kg Mirabellen, 100 g Zucker.

Zubereitung:
Eine Kuchenform (Durchmesser 31 cm) wird mit Butterteig ausgelegt, ein hübscher Rand geformt und dieser mit Eigelb bestrichen. Rohe oder sterilisierte Mirabellen werden entsteint, gleichmäßig auf den Kuchenteig verteilt, mit wenig Zucker bestreut und bei 160°C 1 Stunde gebacken. Danach nochmals mit Zucker bestreuen. Bei sterilisierten Früchten kocht man den Saft ein, gibt 1 TL angerührtes Stärkemehl zu, kocht dieses 5 Minuten mit und glasiert damit den Kuchen.

Erdbeerkuchen

Zutaten:
Butterteig: 250 g Mehl, 100 g Butter, 70 g Zucker, 1 Ei, 1 Prise Salz, 1 Eigelb zum Bestreichen.
Belag: 1 kg Erdbeeren, 150 g Zucker.
Guß: 4 Eiweiß, 150 g Vanillezucker oder Schlagsahne.

Zubereitung:
Eine Kuchenform (Durchmesser 31 cm) wird bestrichen, mit dem Butterteig ausgelegt, ein Rand geformt, mit Bohnen belegt und sofort bei 160°C gebacken.
Die Erdbeeren werden gezuckert und 20 Minuten vor dem Gebrauch auf den gebackenen, von den Bohnen befreiten Kuchenboden gleichmäßig verteilt. Das Eiweiß wird zu Schnee steifgeschlagen, den Vanillezucker daruntergeben, dann diese Masse in einen Spritzsack füllen und den Kuchen damit verzieren. Diesen stellt man nun noch etwa 5 Minuten in den Backofen, bis der Guß schön hellgelb geworden ist. Statt mit Eischnee kann man den Kuchen auch mit Schlagrahm bespritzen; dann darf er aber nicht mehr in den Backofen kommen. Sehr gut schmeckt der Kuchen auch mit einem Biskuitboden.

Johannisbeerkuchen

Zutaten:
Teig: 100 g Mehl, 120 g Zucker, 2 Eier,
2 EL Wasser.
Belag: 4 Eiweiß, 160 g Vanillezucker,
500 g Johannisbeeren.

Zubereitung:
Eigelb der beiden Eier, Wasser und Zucker rührt man schaumig, mengt das Mehl nebst dem steifen Eischnee von den beiden Eiern darunter und bäckt die Masse in einer ausgefetteten Tortenform (Durchmesser 28 cm) bei 150°C ½ Stunde. In der Zwischenzeit die 4 Eiweiß zu steifem Schnee schlagen und den Vanillezucker dazugeben. Sobald der Boden gebacken ist, wird der Blechrand entfernt und mit einem Drittel der Meringenmasse, die man in einen Spritzsack mit gezackter Sterntülle gefüllt hat, ein hübscher Rand gespritzt. Unter die übrige Meringenmasse mengt man die abgezupften Johannisbeeren, füllt die Masse in den gespritzten Rand über den Biskuitboden und bäckt den Kuchen bei 170 bis 180°C rasch gelb (Backzeit ca. 10 Minuten).

Zwetschgenkuchen

Zutaten:
Butterteig: 250 g Mehl, 100 g Butter, 70 g Zucker, 1 Ei,
1 Prise Salz, 1 Eigelb zum Bestreichen oder
Hefeteig: 200 g Mehl, 60 g Butter, 40 g Zucker,
1 Prise Salz, ½ Ei, ⅛ l Milch, 10 g Hefe.
Belag: 750 g Zwetschgen, 80 g Zucker, 1 TL Zimt.

Zubereitung:
Eine bestrichene Kuchenform (31 cm Durchmesser) wird mit einem Butter- oder Hefeteig ausgelegt, der Boden mit wenig Weckmehl bestreut und die entsteinten, länglich geschnittenen Zwetschgen darauf gesetzt. Dann den Kuchen bei 160°C 45 bis 60 Minuten backen. Sobald der Kuchen aus dem Ofen kommt, legt man ihn auf ein Drahtgeflecht und bestreut ihn mit Zucker und Zimt.

Rhabarberkuchen

Zutaten:
Teig: 250 g Mehl, 100 g Butter, 70 g Zucker, 1 Ei, 1 Prise Salz, 1 Eigelb zum Bestreichen.
Belag: 1,5 kg Rhabarber, 200 g Zucker.
Guß: 3 Eiweiß, 120 g Vanillezucker.

Zubereitung:
Eine Kuchenform belegt man mit dem ausgewellten Butterteig, formt einen Rand, bestreicht diesen mit Eigelb, belegt den Boden mit weißen Bohnen oder gewaschenen, getrockneten Kirschkernen und bäckt ihn bei 160°C etwa 30 bis 40 Minuten. Der Rhabarber wird einige Stunden vorher geschält, in halbfingerlange und 2 cm dicke Stükke geschnitten und mit dem Zucker vermischt. Wenn sich der Zucker aufgelöst hat, wird der Saft abgeschüttet, zum Kochen gebracht, die Rhabarberstückchen werden darin weichgekocht, sodann herausgenommen und zum Erkalten auf eine Platte gelegt. Sobald der Kuchenboden aus dem Ofen kommt, werden die Kerne entfernt und der erkaltete Rhabarber darauf verteilt. Nun schlägt man das Eiweiß zu steifem Schnee, zieht den Vanillezucker darunter und bestreicht damit den Kuchen, oder man verziert ihn mit Hilfe eines Spritzbeutels. Jetzt stellt man den Kuchen nochmals etwa 10 Minuten in den mäßig heißen Ofen, damit sich der Guß hellgelb färbt.

Rhabarberkuchen mit Rahmguß

Zutaten:
Teig: 200 g Weizenmehl, 50 g Haselnüsse, 1 Ei, 125 g Butter, 3 EL Honig, 1 Prise Salz.
Belag: 1 kg Rhabarber.
Guß: 2 Eigelb, 2 Eiweiß, 70 g Honig, 1 TL Zimt, abgeriebene Schale von ½ unbehandelten Zitrone, 200 ml saure Sahne.

Zubereitung:
Die Haselnüsse fein mahlen, mit dem Mehl vermischen und mit den übrigen Zutaten zu einem glatten, weichen Teig kneten. Den Teig mit einem nassen Löffel in eine gefettete Springform streichen und mindestens ½ Stunde in den Kühlschrank stellen. Mit einer Gabel mehrmals einstechen.
In der Zwischenzeit den Rhabarber schälen und in kleine Stücke schneiden.
Für den Guß die Eigelbe mit Honig schaumig schlagen und mit dem Zimt, der abgeriebenen Zitronenschale und der sauren Sahne verrühren. Die Eiweiße sehr steif schlagen und vorsichtig unterziehen.
Den Rhabarber möglichst dicht auf den Teig legen und den Guß über den Rhabarber gießen.
Die Form auf die unterste Leiste in den kalten Backofen schieben. Den Kuchen bei 200°C etwa 45 bis 50 Minuten backen.

Quittenkuchen

Zutaten:
4 Quitten, 200 g Zucker, 1/4 l Weißwein,
1/2 Zimtstange, 4 altbackene Brötchen, 1/4 l Milch,
150 g Butter, 3 Eier, 3 Eigelb,
1 TL geriebene Zitronenschale,
Mark von 1 Vanilleschote, gemahlene Mandeln,
feiner Zucker.

Zubereitung:
Die Quitten schälen, in dünne Schnitze schneiden und in etwas Wasser mit 150 g Zucker, dem Wein und der Zimtstange weichkochen. Im Sud erkalten lassen. Die Zimtstange herausnehmen.
Von den Brötchen die Rinde abreiben und dann in Scheiben schneiden. Mit der kochenden Milch übergießen und darin einweichen. Die Butter mit dem restlichen Zucker schaumig rühren, nach und nach die Eier und die Eigelbe dazugeben und schlagen, bis eine cremig-weiße Masse entstanden ist. Dann die eingeweichten Brötchen, die ausgedrückt und fein zerrupft werden müssen, die Zitronenschale und das Vanillemark dazugeben und alles zu einem glatten Teig verrühren.
Eine Springform einfetten und mit den gemahlenen Mandeln ausstreuen. Die Hälfte der Teigmenge in die Form füllen und die Quittenschnitze darauflegen. Den restlichen Teig darübergeben und glattstreichen.
Den Kuchen auf der Mittelschiene im vorgeheizten Ofen bei 180°C eine Stunde backen. Aus der Form lösen, auf ein Kuchengitter setzen und noch warm mit Zucker bestreuen.

Traubenkuchen

Zutaten:
Teig: 150 g Mehl, 150 g Quark, 150 g Butter,
1 EL Zucker.
Füllung: 750 g nicht zu große, vollreife Trauben,
100 g Puderzucker, abgeriebene Schale von 1/2 Zitrone,
6 Eiweiß, ein Schuß Gewürztraminerbrand.

Zubereitung:
Aus den Zutaten einen Teig kneten, den Teig auswellen, eine Kuchenform damit auslegen und einen ca. 3 cm hohen Rand formen. Bei 200°C ca. 20 Minuten backen. Erkalten lassen, dann die Trauben einfüllen und mit dem Gewürztraminer befeuchten. Das Eiweiß zu Schnee schlagen, Puderzucker und die abgeriebene Zitronenschale unterziehen, dann die Masse auf die Trauben verteilen. Bei 170°C im Backofen ca. 15 Minuten backen, bis die Eischneemasse goldgelb und an den Spitzen schon leicht braun ist.

Was Hermann wohl denkt?! Auch ein blindes Huhn findet mal ein Korn: Christina (Carmen-Dorothé Moll).

Christinas Lieblingskuchen

Seit Christina mit Karl verheiratet ist und auf dem Fallerhof lebt, weiß sie, was Leben in einer Großfamilie bedeutet – im positiven wie im negativen. Freud und Leid werden geteilt; es ist immer jemand da, mit dem man reden kann und der einem hilft – in guten wie in schlechten Zeiten. Kurzum: man fühlt sich nie allein. Diese räumliche Nähe kann einen aber auch erdrücken, und man wird sich schmerzlich der familiären Kontrolle bewußt. Kaum etwas bleibt verborgen, selten kann man ein Geheimnis für sich bewahren – selbst Eheprobleme sind öffentlich ...

So bleibt es der Familie auch nicht verborgen, als Karl und Christina ihre erste, heftige Ehekrise haben. Das junge Glück ist ernsthaft bedroht, als Karl nach einer Fehlgeburt von den Hintergründen erfährt: Nach einer früheren Abtreibung glaubte Christina, nicht wieder schwanger werden zu können und hat sich auf eine Hormonstimulation eingelassen. Sie weiß, daß sie Karls Liebe und Vertrauen aufs Spiel gesetzt hat. Es scheint keine Aussicht auf Versöhnung zu geben. Hermann kann das Liebes-Leid nicht mehr länger mitansehen und versucht das seinige. Doch nur Wilhelm schafft es, den beiden den Kopf wieder zurechtzurücken. Gott sei Dank gibt es die Großfamilie, in der nichts unentdeckt bleibt ...

Käsekuchen

Zutaten:
Teig: 250 g Mehl, 150 g Butter, 90 g Zucker,
2 Eier, 1/2 Päckchen Backpulver,
1 Päckchen Vanillepudding.
Belag: 1 EL Grieß, 500 g Quark (halbfett),
150 ml Sauerrahm, 4 Eier, 170 g Zucker,
1 Päckchen Vanillezucker, 1 EL Stärkemehl.

Zubereitung:
Aus den Zutaten einen Mürbeteig herstellen. Eine Springform ausfetten, mit dem Teig belegen und einen Rand formen. Mit etwas Grieß bestreuen.
Die Eier trennen, aus dem Eiweiß Eischnee schlagen. Das Eigelb mit dem Zucker und dem Vanillezucker schaumig rühren, sodann nach und nach die restlichen Zutaten einrühren. Zum Schluß den Eischnee unterheben. Bei 180°C ca. 1 Stunde backen.

Käsekuchen mit Früchten

Zubereitung wie der normale Käsekuchen.
Bevor die Quarkmasse eingefüllt wird, werden die Früchte
(z. B. Sauerkirschen, Erdbeeren, Birnenstücke)
auf dem Teig verteilt.

Kartoffelhörnchen

Zutaten für etwa 25 Stück:
50 g Butter, 1 Ei, 100 g Zucker, 300 g Mehl,
250 g geriebene, tags zuvor gekochte Kartoffeln,
1 gestr. TL Backpulver, 1 Prise Salz, etwas Zitronenaroma,
etwas Zimt, 250 g Marmelade.

Zubereitung:
Die Butter wird schaumig gerührt, Zucker und Ei werden 10 Minuten mitgerührt, dann gibt man die übrigen Zutaten darunter, mengt den Teig auf dem Wellbrett zusammen und wellt ihn nicht zu dünn aus; dann schneidet man gleichmäßige Vierecke aus. Nun streicht man etwas Marmelade auf die Stückchen und rollt sie zu Hörnchen zusammen. Sie werden bei mittlerer Hitze hell gebacken und danach mit Zucker bestreut.

Zimtkuchen

Zutaten:
Teig: 75 g getrocknete Feigen, 75 g Ingwer (kandiert),
50 Zitronat und Orangeat gemischt,
150 g Butter, 180 g Zucker, 4 Eier, 200 g gemahlene Walnüsse,
200 g Weizenmehl, 50 g Buchweizenmehl,
2 TL Backpulver, 2 EL Zimtpulver,
150 g Schlagsahne.
Zum Bestreuen: Eine Mischung aus gemahlenem Zimt und Kakaopulver.

Zubereitung:
Feigen, Ingwer, Zitronat und Orangeat in kleine Würfel schneiden. Aus den restlichen Zutaten einen Rührteig herstelllen. Die gewürfelten Früchte darunterheben. Eine Kastenform ausfetten und die Teigmasse hineingeben. Ca. 1 Stunde im Backofen bei 200°C backen, in der Kastenform abkühlen lassen und dann herausstürzen.
Mit einer Mischung aus gemahlenem Zimt und Kakaopulver bestreuen.

Haselnußkuchen

Zutaten:
Teig: 250 g gemahlene Haselnüsse, 60 g Mehl, 240 g Zucker, 8 Eier, etwas Wasser, Saft und abgeriebene Schale von einer Zitrone.
Glasur: Zucker, Wasser, Zitronensaft.
Eine Handvoll ganze Haselnüsse.

Zubereitung:
Die Eier trennen. Eigelb, Zucker und Wasser schaumig rühren. Die abgeriebene Zitronenschale, den Zitronensaft und das Mehl dazugeben und unterrühren. Dann die gemahlenen Haselnüsse unterrühren. Das Eiweiß steif schlagen und unterheben. Die Masse in eine ausgefettete Kuchenform geben und bei 180°C ca. 50 Minuten backen.
Aus den Zutaten eine dickflüssige Glasur herstellen und den noch warmen Kuchen damit einpinseln. Mit den ganzen Haselnüssen dekorieren, solange die Glasur noch weich ist.

Napfkuchen

Zutaten:
500 g Mehl, 250 g Butter, 200 g Zucker, 5 Eier,
1 Päckchen Vanillezucker, 125 g Rosinen,
125 g gemahlene Haselnüsse, 1/8 l Milch,
1/2 Päckchen Backpulver.

Zubereitung:
Die Butter mit dem Zucker und dem Vanillezucker schaumig rühren. Dann die Eier einzeln nach und nach dazugeben, weiterrühren. Die Rosinen und die Haselnüsse unterrühren, zum Schluß Mehl und Backpulver darübersieben und unterrühren. Falls der Teig zu fest ist, etwas Milch dazugeben. Den Teig in eine eingefettete Napfkuchenform geben und bei 180°C ca. 1 Stunde backen.

Schokoladenkuchen

Zutaten:
7 Eier, 10 ml Wasser, 220 g Zucker, 60 g halbbittere, geriebene Schokolade, 200 g Mehl, 1 Vanilleschote, 1 TL Backpulver, 150 ml Schlagsahne.

Zubereitung:
Eier, Wasser und Zucker schaumig rühren. Das Mark aus der Vanilleschote kratzen und zusammen mit der Schokolade, dem Mehl und dem Backpulver darunterrühren. Den Teig in einer eingefetteten Backform bei 180°C ca. 1 Stunde backen. Auskühlen lassen, aus der Form nehmen und den Kuchen in der Mitte waagerecht halbieren. Die Sahne schlagen, auf der unteren Hälfte des Kuchens gleichmäßig verteilen, die zweite Hälfte darauflegen und leicht andrücken.

Walnußkuchen

Zutaten:
Mürbeteig: 300 g Mehl, 200 g Butter, 100 g Zucker, 2 Eier.
Belag: 4 Eier, 150 g gemahlene Walnüsse, 130 g Zucker.

Zubereitung:
Die Zutaten zu einem Mürbeteig zusammenkneten. Den Teig 1 Stunde im Kühlschrank abgedeckt kalt stellen.
Die Eier trennen. Das Eiweiß zu Schnee steif schlagen, dabei den Zucker nach und nach dazugeben. Das Eigelb von 3 Eiern zerkleppern und zusammen mit den Walnüssen unterheben.
Den Teig ausrollen, eine eingefettete Springform damit auslegen und einen ca. 3 cm hohen Rand formen. Die Nußmasse einfüllen. Mit dem restlichen Eigelb die Nußmasse bestreichen. Bei 180°C ca. 35 Minuten backen. Die Eiglasur muß goldgelb werden.

Streuselkuchen mit Quark

Zutaten:
Teig: 450 g Mehl, 30 g Hefe, ¼ l lauwarme Milch, 50 g Butter, 50 g Zucker, 1 Ei, 1 Prise Salz.
Belag: 200 g zimmerwarme Butter, 180 g Zucker, 3 Eier, 1 kg Quark, 1 Prise Salz, 40 g Speisestärke, abgeriebene Schale von 1 Zitrone.
Streusel: 350 g Mehl, 200 g Butter, 180 g Zucker, 1 Prise Salz, 1 Messerspitze gemahlener Zimt.

Zubereitung:
Teig: Das Mehl in eine Schüssel geben, eine Mulde hineindrücken, die Hefe hineinbröckeln und mit etwas Mehl und der Milch zu einem Vorteig verrühren. Zugedeckt an einem warmen Ort 15 Minuten gehen lassen. Dann die Butter zerlassen und mit den restlichen Zutaten in der Schüssel mit dem Vorteig zu einem festen Teig kneten und schlagen. Den Teig abdecken und weitere 30 Minuten gehen lassen.
Quarkbelag: Butter und Zucker schaumig rühren. Die restlichen Zutaten dazugeben und alles gut miteinander verrühren. Den Hefeteig nun ausrollen, ein eingefettetes Backblech damit belegen und die Quarkmasse gleichmäßig daraufstreichen.
Streusel: Mehl, Zucker, Salz und Zimt vermischen. Die Butter zerlassen und dann tropfenweise unter ständigem Rühren zum Mehl geben. Den Teig mit den Handflächen zu Streuseln rollen und auf den Quark streuen.
Den Kuchen nochmals 10 Miunten ruhen lassen und dann bei 210°C ca. 25 Minuten goldgelb backen.

Bienenstich

Zutaten:
Teig: 450 g Mehl, 30 g Hefe, ¼ l lauwarme Milch, 50 g Butter, 50 g Zucker, 1 Ei, 1 Prise Salz.
Füllung: 100 g zimmerwarme Butter, 1 Päckchen Vanille-Puddingpulver, ½ l Milch, 3 EL Zucker, 3 EL Puderzucker.
Belag: 100 g Butter, 120 g Zucker, 5 EL Honig, 250 g gestiftelte Mandeln.

Zubereitung:
Aus den Zutaten einen Hefeteig herstellen wie beim Rezept für den Streuselkuchen.
Honig, Butter und Zucker in einem Topf bei schwacher Hitze vorsichtig schmelzen lassen, dann die Mandeln dazugeben, kurz aufkochen lassen zum Abkühlen auf die Seite stellen.
Den Hefeteig ausrollen, auf ein eingefettetes Backblech legen und mit der Honig-Mandel-Masse bestreichen. Den Kuchen ca. 30 Minuten bei 180°C backen, bis die Masse schön goldbraun ist. In der Zwischenzeit aus Puddingpulver, Milch und Zucker einen Pudding bereiten und abkühlen lassen. Dann die Butter schaumig rühren und den kalten Pudding und den Puderzucker langsam unterrühren.
Den Kuchen abkühlen lassen und in rechteckige Stücke schneiden. Diese Stücke waagerecht halbieren, auf den unteren Teil etwa fingerdick von der Füllung aufstreichen und wieder zusammensetzen.

Haferflockenkuchen

Zutaten:
1 Tasse (ca. 250 ml) mittelgrobe Haferflocken,
1 Tasse Weizenmehl, ¾ Tasse Zucker,
1 Päckchen Backpulver, 1 Tasse Milch,
2 EL Kirschwasser, 4 Eigelb, ¼ TL Zimt, 1 TL Kakao,
½ Tasse fein gehackte Walnüsse, 4 Eiweiß,
1 Prise Salz.

Zubereitung:
Haferflocken, Mehl, Zucker und Backpulver vermischen. Milch, Kirschwasser und die Eigelbe langsam nach und nach unterrühren. Zimt, Kakao und die Walnüsse dazugeben. Eiweiß mit Salz zu möglichst steifem Schnee schlagen und darunterheben.
Eine Ringform einfetten, den Teig einfüllen. Den Kuchen in dem auf 200°C vorgeheizten Backofen 45 Minuten backen. Aus der Form lösen und auf einem Kuchengitter abkühlen lassen.

Eßkastanienkuchen

Zutaten:
500 g Eßkastanien, 4 Eier, 175 g Zucker,
1 bis 2 Päckchen Vanillezucker,
1 TL geriebene Zitronenschale,
1 Messerspitze gemahlene Gewürznelken, 1 Prise Salz,
Semmelbrösel, Puderzucker.

Zubereitung:
Die Schalen der Maronen mit einem scharfen Messer kreuzweise einschneiden, 15 bis 20 Minuten in Wasser garkochen. Die Maronen schälen, dabei nicht nur die harte äußere Schale, sondern auch die innere Haut am Kern entfernen und dann im Mixer pürieren.
Eigelb mit Zucker und Vanillezucker schaumig rühren, Zitronenschale, Zimt und Nelken zugeben. Eiweiß und Salz zu sehr festem Schnee schlagen. Den Eigelbschaum, den Eischnee und das Maronenpüree locker aber gründlich untereinanderheben.
Eine Napfkuchenform einfetten und mit den Semmelbröseln ausstreuen. Den Teig hineinfüllen und in dem auf 200°C vorgeheizten Backofen 50 Minuten backen.
Aus der Form nehmen, auf einem Kuchengitter abkühlen lassen und mit Puderzucker bestäuben.

Kartoffelkuchen

Zutaten:
Teig: 600 g Kartoffeln (mehlige Sorte), 180 g Zucker, 125 g kleingehackte Walnüsse, 8 Eier, etwas Zimt, Salz und gemahlene Nelken, 50 g geriebene Mandeln.
Glasur: 200 g Puderzucker, 2 Eiweiß, 1 TL Zimt, Saft von ½ Zitrone.

Zubereitung:
Am Tag zuvor die Kartoffeln in der Schale weichkochen, schälen und zugedeckt kalt stellen. Am nächsten Tag die Kartoffeln auf der mittelgroben Reibe reiben oder durch die grobe Scheibe der Kartoffelpresse drücken. Die Eier trennen und die acht Eigelbe mit dem Zucker schaumig rühren, Nelken, Zimt, Salz und die Walnüsse dazugeben und mit den geriebenen Kartoffeln vermischen. Die Eiweiße steif schlagen und unter den Teig heben. Eine Kuchenform (Springform) mit Butter ausfetten und die geriebenen Mandeln gleichmäßig einstreuen. Die Teigmasse locker einfüllen, den Backofen auf 200°C vorheizen und den Kuchen etwa 80 Minuten auf der mittleren Einschubleiste backen (Stäbchenprobe machen und gegebenenfalls noch einige Minuten nachbacken). Aus dem Ofen nehmen und in der Form abkühlen lassen.
Für die Glasur alle Zutaten mit dem Schneebesen schaumig verrühren und den abgekühlten Kuchen damit einpinseln.

Königskuchen

Zutaten:
300 g Mehl, 250 g zimmerwarme Butter, 200 g Zucker, 4 Eier, 50 g Zitronat, 100 g geschälte Mandeln, 180 g Rosinen, 5 Eier, 100 g Speisestärke, 2 TL Backpulver, 4 EL Rum.

Zubereitung:
Rosinen in heißem Wasser waschen, abtropfen lassen und in Mehl wenden. Mandeln und Zitronat hacken bzw. fein würfeln. Die Butter mit dem Zucker schaumig rühren und die Eier nacheinander einrühren. Dann Mehl, Backpulver und Speisestärke unterrühren. Danach Mandeln, Rosinen, Zitronat und Rum ebenfalls untermischen. Den Teig in eine ausgebutterte und mit Semmelbröseln bestreute Kastenform füllen, glattstreichen und bei 190°C ca. 75 Minuten backen. Stäbchenprobe machen! Falls der Kuchen oben zu dunkel wird, mit Alufolie abdecken. Den Kuchen auf ein Kuchengitter stürzen und auskühlen lassen.

Ein echter Faller: Wilhelm (Lukas Ammann) bei der Arbeit.

Wilhelms Lieblingskuchen

Wilhelm hat eine künstlerische Ader. Das weiß mittlerweile jeder. Und so hat er besonders zur Fasnet-Zeit immer sehr viel zu tun. Denn viele wollen sich mit einer Original-Faller-Maske ins närrische Treiben stürzen. Selbst den kritischen Augen des Fasnet-TÜVs halten seine voller Hingabe geschnitzten Masken stand. So wundern sich die Fallers auch nicht, als eines Tages die Jostäler Freilichtspiele an die Tür klopfen und ein recht eigenwilliges Ansinnen an Wilhelm herantragen: Er soll nämlich eine Kopie herstellen von einer Figur seines Vorfahren, des berühmten Bildhauers Matthias Faller. Gefragt, getan... und so steht ein echter Faller auf der Jostäler Bühne.

Über eine andere kreative Ader Wilhelms sind einige Fallers allerdings überhaupt nicht begeistert: seiner schriftstellerischen. Wilhelm schreibt nämlich auch noch an seinen Lebenserinnerungen. Besonders Hermann ist das Memoiren-Projekt ziemlich suspekt. Denn wer weiß, woran sein Vater sich erinnert? Doch Wilhelm läßt sich von seinem Sohn nicht über die Schulter schauen...

Haselnußkranz

Zutaten:
Teig: 300 g Mehl, 250 g Zucker, 250 g Butter, 400 g gemahlene Haselnüsse, 4 Eier, 1 Päckchen Backpulver, 1 Päckchen Vanillezucker.
Glasur: Zucker, Wasser, etwas Zitronensaft, geraspelte Haselnüsse.

Zubereitung:
Aus allen Zutaten einen Rührteig herstellen und in einer eingefetteten Kranzkuchenform bei 180°C ca. 45 Minuten backen.
Aus Zucker, Wasser und dem Zitronensaft eine dickflüssige Glasur herstellen und den noch warmen Kranzkuchen damit bestreichen. Die geraspelten Haselnüsse darüberstreuen, bevor die Glasur erkaltet ist.

Apfelstrudel

Zutaten:
Strudelteig: 125 g Mehl, 20 g Butter,
6 bis 8 EL lauwarmes Wasser, 1 Prise Salz.
Füllung: 1,5 kg Äpfel, 60 g Zucker, ½ TL Zimt,
70 g Mandeln, 70 g Korinthen, 120 g Butter,
20 g Weckmehl, 60 g Zucker.

Zubereitung:
Das Mehl wird gesiebt und mit der kleingeschnittenen Butter warm gestellt. Dann gibt man das lauwarme Wasser zu und schlägt den Teig mit dem Kochlöffel etwa 15 Minuten lang, bis er ziemlich zäh und geschmeidig ist. Man läßt ihn auf einem mehlbestäubten Brett 30 Minuten ruhen. Während dieser Zeit bedeckt man ihn mit einer erwärmten Schüssel, die von Zeit zu Zeit durch eine frisch erhitzte ersetzt werden muß. Dann werden die dünn geschälten, mürben Äpfel in feine Blättchen geschnitten, die Korinthen gewaschen und gebrüht und die Mandeln feinblättrig geschnitten. Wenn diese Zutaten vorbereitet sind, kann mit dem Ausziehen des Teiges begonnen werden. Ein Tisch wird mit einem Tischtuch belegt, dieses mit Mehl bestäubt und der etwas ausgewellte Teig darauf gelegt. Der Teig wird nun mit den Handflächen sorgfältig ausgezogen, bis er so dünn ist wie ein Schleier. Sodann bestreicht man ihn rasch mit zerlassener Butter, streut etwas Weckmehl, die Apfelscheiben, nach Belieben Mandeln, Korinthen, Zucker und Zimt darauf und rollt den Teig mit Hilfe des Tischtuchs zusammen. Nun legt man den Strudel der Länge nach auf ein Backblech, das man zuvor mit Butter bestrichen hat, bestreicht auch den Strudel mit Butter und bäckt ihn im Ofen bei 160 bis 180°C etwa 45 Minuten. Nach dem Backen wird er in 5 cm breite Stücke geschnitten und mit feinem Zucker bestreut.

Rahmstrudel

Zutaten:
Strudelteig: 180 g Mehl, 30 g Butter, 1 Prise Salz,
9 bis 10 EL Wasser.
Füllung: 40 g Butter, 80 g Zucker, 4 Eier,
⅜ l dicker, saurer Rahm, 70 g blättrig geschnittene
Mandeln, 120 g Sultaninen.

Zubereitung:
Mit den Zutaten wird ein Strudelteig geknetet und zum Ausruhen unter eine heiße Schüssel gelegt. Zwischenzeitlich rührt man für die Füllung die Butter schaumig, gibt die Eier und den Zucker dazu und nach 15 Minuten kräftigen Rührens wird der dicke Rahm dazugegeben. Dann wird der Teig so dünn als möglich ausgezogen, die Fülle darauf gestrichen und mit den blättrig geschnittenen Mandeln und den gewaschenen, gebrühten Sultaninen bestreut. Man rollt den Teig mit Hilfe des Tischtuches vorsichtig zusammen, setzt den Strudel auf das eingefettete Backblech und bäckt ihn bei mittlerer Hitze bei 140 bis 160°C etwa 45 Minuten. Beim Anrichten schneidet man ihn in 5 cm breite Stücke und bestreut diese mit feinem Zucker.

Eierwecken (Kindsbett-Wecken)

Zutaten:
Teig: 1 kg Weizenmehl, 150 g Zucker, 150 ml Milch,
7 bis 8 Eier, 200 g Butter, 60 g Hefe, 10 g Salz,
das Mark einer Vanilleschote,
abgeriebene Schale von 1 Zitrone,
Zum Bestreichen: 1 TL Fenchelkörnchen,
20 g Butter für den Zopfspalt,
1 Ei mit etwas Milch verrührt,
20 g gehackte Mandeln.

Zubereitung:
Mit einem Teil des Mehles, der Milch und der Hefe einen Vorteig machen und warm stellen. Danach zusammen mit den restlichen Zutaten einen festen Teig kneten und kurz abgedeckt gehen lassen.
Den Teig in drei gleiche Portionen teilen und daraus drei gleichlange Stränge formen, die an den Enden etwas dünner werden. Daraus einen Zopf flechten und auf das gebutterte und mit den Fenchelkörnchen bestreute Backblech legen, kurz gehen lassen, mit der Ei-Milch-Mischung bestreichen, in die Zopfspalte etwas Butter streichen, die Mandeln über den Zopf streuen und bei 250°C im Backofen ca. 40 Minuten goldgelb ausbacken.
(Dieser Kuchen wurde vor noch gar nicht allzu langer Zeit im Hochschwarzwald der Mutter nach der Entbindung beim ersten Besuch als nahrhaftes Geschenk als Kindsbettwecken mitgebracht. Er sollte der Mutter wieder möglichst schnell auf die Beine helfen, da ihre Arbeitskraft als Bäuerin oder Hausfrau von der restlichen Familie schwer vermißt wurde.)

Schwarzwälder Kirschrolle

Zutaten:
500 g Sauerkirschen, 250 g Zucker, 4 Eier,
1 Messerspitze Zimt, 3 Päckchen Vanillezucker,
30 g Speisestärke,
60 g Mehl, 1 TL Backpulver, 30 g Kakao, 1 EL Butter,
2 Schnapsgläschen Kirschwasser, ½ l Sahne,
2 Päckchen Sahnesteif, Saft von 1 Zitrone,
dunkle Borkenschokolade, Kirschen zum Verzieren.

Zubereitung:
Kirschen waschen und entsteinen und ca. 5 Minuten mit 4 bis 5 EL Zucker, ½ Tasse Wasser und mit dem Zimt gardünsten.
Eier trennen, Eiweiß mit 2 EL kaltem Wasser steif schlagen, restlichen Zucker und 1 Päckchen Vanillezucker in kleinen Portionen langsam zufügen. Eigelb unterziehen, Speisestärke, Mehl, Backpulver und Kakao darübersieben und vorsichtig unterheben. Butter schmelzen. Ein Backblech damit einfetten, mit Pergamentpapier auslegen und den Teig darauf verteilen. Im vorgeheizten Ofen ca. 15 Minuten backen. Dann die Teigplatte sofort auf ein angefeuchtetes Tuch stürzen, das Papier abziehen und die Teigränder platt drücken. Das feuchte Tuch über die Teigplatte schlagen damit sie nicht austrocknet und später nicht bricht.
Nach dem Erkalten die Platte mit dem Kirschwasser beträufeln, Sahne mit restlichem Vanillinzucker und Sahnesteif sehr steif schlagen. Etwas Sahne zum Verzieren in einen Spritzbeutel geben. Kirschen abtropfen lassen und unter die Sahne mischen. Zitrone auspressen. Mit dem Saft und etwas Zucker die Kirschsahne abschmekken, auf die Teigplatte verteilen und aufrollen. Die Biskuitrolle mit der restlichen Sahne verzieren.

Biskuitrolle mit Sahne-Früchte-Füllung

Zutaten:
Teig: 5 Eier, 5 EL Zucker, 5 EL Mehl,
1 Messerspitze Backpulver,
abgeriebene Schale von ½ Zitrone.
Füllung: 400 ml Sahne, 1 Päckchen Sahnesteif,
etwas Puderzucker, Früchte nach Belieben
(z. B. Erdbeeren, Himbeeren, Brombeeren).

Zubereitung:
Eier, Zucker und Zitronenschale schaumig rühren, Mehl und Backpulver dazusieben und unterrühren. Die Masse auf ein mit Backpapier ausgelegtes Backblech gleichmässig verstreichen. Auf der Mittelschiene des vorgeheizten Backofens bei 180°C (ohne Umluft) ca. 10 bis 12 Minuten goldgelb backen. Die Teigplatte auf ein eingezuckertes Küchentuch stürzen, dabei den überstehenden Stoffrand auf den Biskuit legen und die Teigplatte von der Breitseite her locker aufrollen. Die Rolle auskühlen lassen.
In der Zwischenzeit die Sahne schlagen und mit den geputzten und kleingeschnittenen Früchten eine Sahne-Früchte-Mischung herstellen. Die Biskuitrolle wieder aufrollen und mit der Mischung gleichmäßig bestreichen. Wieder eine Rolle formen, mit Puderzucker bestäuben und kühl stellen.
Variante: Anstelle der Sahne-Früchte-Mischung kann die frisch gebackene Biskuitplatte sofort mit (Orangen)Marmelade bestrichen und zusammengerollt werden. Nach dem Abkühlen mit einem Zitronen-Puderzucker-Guß bestreichen.

Biskuitrolle

Zutaten:
Teig: 4 Eier, 125 g Zucker, EL Kirschwasser,
50 g Stärkemehl, 4 EL Himbeer- oder
Johannisbeermarmelade, etwas Zucker, Butter und Mehl
zum Einfetten und Bestäuben.
Glasur: 60 g Zucker, etwas Wasser.

Zubereitung:
Eigelb und Zucker schaumig rühren. Eiweiß steif zu Schnee schlagen und zusammen mit dem Kirschwasser und dem Stärkemehl unter das schaumig gerührte Eigelb mengen. Diesen Teig gleichmäßig im Format von etwa 40 cm Länge und 18 cm Breite auf ein ausgebuttertes und leicht mit Mehl bestäubtes Backblech streichen. Im auf 150°C vorgeheizten Backofen auf der mittleren Einschubleiste etwa 15 Minuten goldgelb backen. Herausnehmen und sofort auf ein leicht mit Zucker bestreutes Wellbrett stürzen. Auf die noch warme Teigplatte die Marmelade streichen und sofort zusammenrollen (bricht die Teigplatte beim Rollen, dann wurde sie zu lange gebacken). Die Rolle erkalten lassen. Den Zucker in ganz wenig Wasser auflösen und damit die Rolle glasieren.

Gugelhupf

Zutaten:
500 g Mehl, 200 g Butter, 80 g Zucker, 1 TL Salz, 2 Eier, 25 g Hefe, 50 g Mandelstifte, ½ l Milch, 50 g Rosinen, 2 EL Kirschwasser, Butter zum Einfetten der Backform.
(Man kann den Gugelhupf etwas salziger oder auch süßer machen, je nachdem, ob man ihn eher zum Wein oder zum Kaffee essen möchte.)

Zubereitung:
Die Hefe in etwas lauwarme Milch bröckeln. Mehl, Milch, Butter, Salz, Zucker, Eier, Hefe und die restliche Milch in eine Schüssel geben, durchkneten und mit einem Holzlöffel oder der Hand so luftig wie möglich schlagen. Den Teig mit einem Tuch abdecken und an einem warmen Ort etwa 2 Stunden gehen lassen, bis er sich verdoppelt hat. Dann die Rosinen, die zuvor eine Stunde in Kirschwasser eingelegt wurden, untermischen. Eine Gugelhupfform großzügig ausbuttern. Die Mandelstifte einstreuen (sie sollen möglichst gleichmäßig an der Gugelhupfform haften). Den Teig in die Form füllen und nochmals gehen lassen, bis er knapp über den Rand der Form gestiegen ist. Im vorgeheizten Backofen bei 180°C etwa 45 Minuten backen, aus der Form stürzen und auf einem Backgitter auskühlen lassen.

Gefüllter Hefekranz

Zutaten:
Hefeteig: 750 g Mehl, 125 g Butter, 100 g Zucker, 2 Eier, 1 Würfel Hefe, 1 Prise Salz, ¼ l lauwarme Milch, 1 EL neutrales Pflanzenöl.
Füllung: 150 g gemahlene Walnüsse, 150 g gemahlene Haselnüsse, 120 g Zucker, 2 EL Kakaopulver, 100 ml Sahne, 1 TL Zimt, 1 Schuß Schwarzwälder Kirschwasser.

Zubereitung:
Alle Zutaten in eine Rührschüssel geben, die Hefe hineinbröckeln, alles gut vermischen und verkneten, bis ein gleichmäßiger Teig entstanden ist. Den Teig schlagen, bis er Blasen wirft, dann abdecken und an einem warmen Platz ca. 15 Minuten gehen lassen. Danach den Teig zu einer Platte von ca. 50 cm Länge und 40 cm Breite ausrollen.
Alle Zutaten der Füllung zusammenrühren und die Masse gleichmäßig auf die Teigplatte streichen. Die Teigplatte zusammenrollen (von der Längsseite her) und in eine eingefettete Napfkuchenform legen. Abdecken und nochmals ca. 45 Minuten gehen lassen. Bei 180°C ca. 45 Minuten backen.

Marzipanzopf

Zutaten:
Teig: 500 g Mehl, 30 g Hefe, ¼ l lauwarme Milch, 80 g Butter, 40 g Zucker.
Füllung: 200 Marzipanrohmasse, 150 g gemahlene Mandeln, 2 EL Zucker, 2 Eiweiße, 20 ml Rum.
Glasur: 5 EL Puderzucker, 2 EL Zitronensaft, 1 EL Wasser.

Zubereitung:
Das Mehl in eine Schüssel geben, eine Mulde hineindrükken, die Hefe hineinbröckeln, mit der Milch und etwas Mehl vermischen und als Vorteig 15 Minuten abgedeckt gehen lassen. Die Butter zerlassen und mit den restlichen Zutaten zum Vorteig geben. Alles zu einem Hefeteig so lange kneten und schlagen, bis der Teig Blasen wirft. Zudecken und weitere 30 Minuten gehen lassen.
Die Marzipanmasse weichkneten und dann mit allen Zutaten vermischen und zusammenkneten. Den Teig auf eine Größe von ca. 50 auf 40 cm ausrollen und mit der Füllung gleichmäßig bestreichen, dann von der Längsseite her aufrollen. Diese Rolle längs halbieren und die beiden Hälften zu einem Zopf miteinander verdrehen. Den Zopf auf ein eingefettetes Backblech legen und 20 Minuten ruhen lassen. Dann bei 200°C ca. 40 Minuten backen.
Aus den Zutaten eine dickflüssige Glasur rühren und den noch heißen Zopf damit bestreichen.

Mohnkranz

Zutaten:
Teig: 500 g Mehl, 125 g Butter, 90 g Zucker, 40 g Hefe, ¼ l lauwarme Milch, 2 Eier, 1 Prise Salz, Saft und abgeriebene Schale von ½ Zitrone.
Füllung: 50 g Mohn, etwas heißes Wasser, 25 g Rosinen, 2 EL Honig, 1 Prise Salz, 1 Messerspitze gemahlener Zimt.
Glasur: 4 EL Puderzucker, 2 EL Zitronensaft, etwas Wasser.

Zubereitung:
Das Mehl in eine Schüssel geben, in die Mitte eine Mulde drücken, die Hefe hineinbröckeln, etwas Milch dazugeben und zu einem Vorteig vermischen. Abdecken und 15 Minuten gehen lassen. Die Butter zerlassen und zusammen mit den restlichen Zutaten zum Vorteig hinzugeben und alles zu einem luftigen Hefeteig kneten und schlagen, bis er Blasen wirft. Abgedeckt weitere 30 Minuten gehen lassen.
Den Mohn in einer Schüssel mit dem heißen Wasser übergießen und 5 Minuten quellen lassen. Überschüssiges Wasser abgießen, die restlichen Zutaten zum Mohn geben und alles gut zusammenrühren.
Den Hefeteig auf eine Größe von ca. 50 auf 40 cm ausrollen und mit der Mohnfüllung gleichmäßig bestreichen. Von der Längsseite her aufrollen. Die Endkante gut andrücken, gegebenenfalls mit etwas Eigelb und Wasser bestreichen, damit sie anklebt und die Füllung nicht austreten kann. Die Rolle mit der Naht nach unten in eine ausgefettete Kranzform legen und die beiden Enden der Rolle miteinander verbinden. Abdecken und nochmals 20 Minuten gehen lassen. Dann bei 200°C ca. 50 Minuten backen.
Aus den Zutaten eine Glasur anrühren und den noch warmen Kranzkuchen damit bestreichen.

Hefezopf

Zutaten:
Teig: 500 g Mehl, 20 g Hefe, ¼ l lauwarme Milch, 1 Ei, 1 TL Salz, 70 g Butter, 60 g Zucker.
Füllung: 30 g Butter, 40 g Zucker, 20 g Kakao.
Glasur: 50 g Zucker, etwas Wasser.

Zubereitung:
Milch, Ei, Butter, Salz und Zucker in eine Schüssel geben, Mehl darübersieben und die fein zerbröckelte Hefe dazugeben. Alles zusammenmengen und den Teig dann mit dem Holzlöffel oder der Hand so lange schlagen, bis er Blasen wirft. Je mehr Luft in den Teig eingeschlagen wird, desto besser geht er. Den Teig mit einem Tuch abdecken und an einem warmen Ort etwa 2 Stunden gehen lassen.
Den Teig sodann zu einer etwa 45 cm langen und 30 cm breiten Teigplatte auswellen. Die Butter für die Füllung zerlassen und die Teigplatte damit bestreichen, dann den mit Zucker vermischten Kakao daraufstreuen und die Teigplatte zusammenrollen. Die Teigrolle quer halbieren und die beiden Stänge um sich selbst schlingen und auf ein gebuttertes Blech legen. Den Zopf abgedeckt 30 Minuten ruhen lassen und dann bei 160°C 1 Stunde goldbraun backen. Den noch heißen Zopf mit dem in wenig Wasser aufgekochten Zucker (er muß Fäden ziehen) bestreichen und abkühlen lassen.

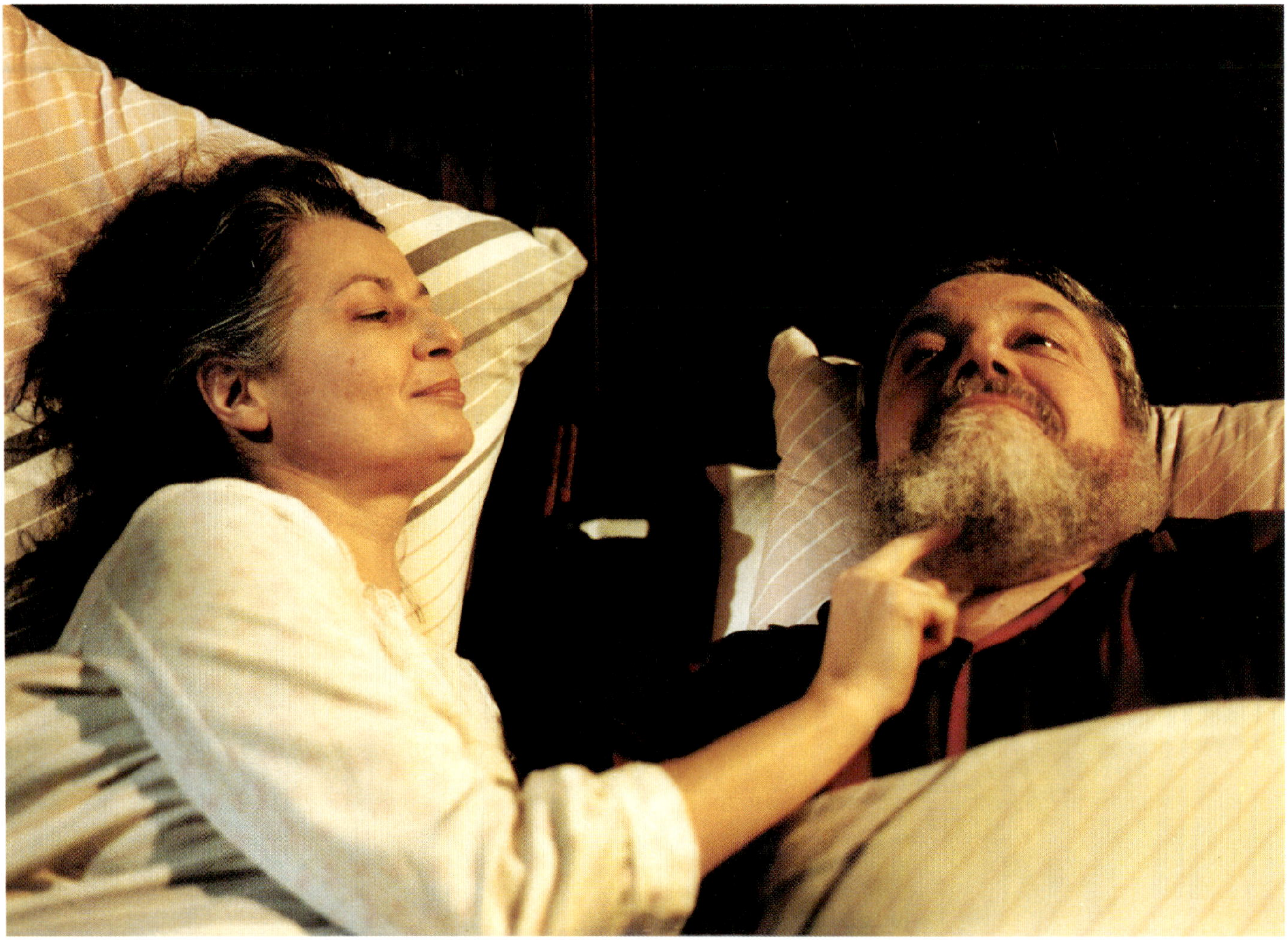

Links Blümle (Ursula Cantieni)– rechts Brummel (Wolfgang Hepp).

Hermanns Lieblingstorte

Mit Hunger im Bauch kann man eben schlecht einschlafen. Trennkost-Diät, davon kann man ja nur Alpträume kriegen! Und am nächsten Morgen wieder Tomate und Gurke statt saftiges Schwarzwälder Brot und Schinken? Eier und Wurst? Kuchen? Eigentlich ist klar, daß Hermanns Versuche, die ein oder zwei überflüssigen Pfunde loszuwerden, nicht so ganz ernst gemeint sind.
Johanna weiß, wenn Kinnkraulen nicht mehr hilft, führt auch zu nachtschlafender Zeit kein Weg am Kühlschrank vorbei: „Komm, Brummel, ich mach dir was zu essen.“ Dann leuchten Augen in der Dunkelheit, und die Nacht ist gerettet.
Wahrscheinlich nicht nur die Nacht, sondern auch der nächste Tag: Das Bürgermeisteramt leidet ab und an nicht minder unter Hermanns Launen. Troztdem geht auch hier nicht immer alles nach seinem Dickkopf. Aber wenn es poltert, im Gemeinderat oder zu Hause, dann ist es meist Hermann, denn er nimmt den Mund voll und kein Blatt davor. So hängt mitunter der Haussegen schon ein wenig schief, aber es gibt Menschen, die ihn – vielleicht gerade deswegen – besonders liebenswert finden!

Schwarzwälder Kirschtorte

Zutaten:
Schokoboden: 5 Eier, 200 g Zucker, 150 g Mehl, 25 g Speisestärke, 25 g Kakao, 20 g flüssige Butter.
Füllung: ½ 700-ml-Glas Sauerkirschen oder Schattenmorellen, 175 g Kirschsaft, 30 g Zucker, 15 g Speisestärke. 800 ml geschlagene Sahne, 5 Blatt Gelatine, 50 g gehobelte Zartbitterschokolade.

Zubereitung:
Eier und Zucker schaumig schlagen. Mehl, Speisestärke und Kakao zusammensieben und unter die aufgeschlagene Masse geben, dann die flüssige Butter unterziehen. In einen mit Papier eingebundenen Tortenring (Durchmesser 26 cm) füllen und bei ca. 190°C backen.
Kirschen in einem Sieb ablaufen lassen. 125 ml Saft und den Zucker zum Kochen bringen, 50 ml Saft und die Speisestärke verrühren und in den kochenden Saft einrühren, vom Feuer nehmen und die Kirschen unterziehen. Abkühlen lassen.
Den ausgekühlten Schokoboden zweimal in drei gleich dicke Teile durchschneiden. Auf den unteren Boden die kalten gebundenen Kirschen verteilen.
Die in Wasser eingeweichte Gelatine gut ausdrücken und im Wasserbad auflösen, mit etwas Kirschwasser vermengen und vorsichtig unter die Sahne ziehen. Sahne dünn über die Kirschen streichen und einen Boden auflegen, wieder Sahne aufstreichen und den dritten Boden auflegen (dabei insgesamt ⅔ der Sahne verwenden). Mit dem restlichen ⅓ der Sahne die Torte ringsum einstreichen, in 14 Stücke einteilen und auf jedes Stück 1 Sahne-Rosette aufspritzen. Torte mit der gehobelten Schokolade bestreuen und auf jede Sahnerosette eine Kirsche legen.
Torte ca. 2 Stunden kaltstellen.

Schwarzwälder Kirschsahnetorte

Zutaten:
Tortenboden: 4 Eier, 75 g Puderzucker,
1 TL Zimt, etwas gemahlene Nelke, 2 EL heißes Wasser,
1 Prise Salz, 30 g Puderzucker für das Eiweiß,
25 g Speisestärke, 75 g Mehl, 3 gehäufte EL Kakao,
2 bis 3 gestrichene TL Backpulver,
50 g gemahlene Nüsse.
Belag: 1 Paket Schokoraspel oder Borkenschokolade,
1 Glas entsteinte Kirschen, 75 g Zucker,
75 g Speisestärke, 2 Schnapsgläser Schwarzwälder Kirschwasser, 1 l süße Sahne,
50 g Vanillezucker, 3 Beutel Sahnesteif,
1 kleines Glas Kirschmarmelade.

Zubereitung:
4 Eigelbe mit heißem Wasser und dem Zucker schaumig rühren, nach und nach die Gewürze einrieseln lassen. Die 4 Eiweiß mit 1 Prise Salz steif schlagen und 25 g Puderzucker unterrühren. Auf die Eigelbmasse gleiten lassen. Die Speisestärke, das Mehl, das Backpulver und den Kakao mischen und auf die Eimasse sieben. Nach Belieben auch die gemahlenen Nüsse hinzufügen und alles locker vermischen. In eine nur am Boden gefettete Springform füllen und bei etwa 180°C ca. 30 Minuten backen. Den Teig einen Tag ruhen lassen.
Den aufgefangenen Kirschsaft mit dem Zucker aufkochen und mit der Speisestärke binden, 1 Minute kochen. Von den Kirschen die schönsten 12 Stück zurücklegen, den Rest der Kirschen und das Kirschwasser in den Saft geben, gut umrühren.
Tortenboden mit einem langen Messer zweimal durchschneiden. Boden mit etwas Kirschwasser beträufeln und die abgekühlte Kirschmasse daraufstreichen. Die Sahne mit Sahnesteif und Vanillezucker steif schlagen. ¼ der Sahne auf der Kirschmasse gleichmäßig verteilen. Den mittleren Boden auflegen und mit der Kirschmarmelade bestreichen. Eine weitere dünne Schicht Sahne auftragen und den letzten Boden mit der Wölbung nach oben drauflegen und leicht andrücken. Torte ringsum dick mit Sahne bestreichen; oben mit großen Sahnetupfern verzieren, diese mit den Kirschen füllen und die freien Sahneflächen mit Schokoraspeln garnieren. 1 Stunde kaltstellen.

Schwarzwälder Kirschtorte

Zutaten:
3 Schokoladentortenböden, 200 g Sauerkirschen,
125 g Johannisbeergelee, ¾ l Sahne, 3 EL Schwarzwälder
Kirschwasser, 50 g Blockschokolade.

Zubereitung:
Den unteren Tortenboden mit Johannisbeergelee bestreichen, ca. 1 cm Sahne auftragen, ca. 200 g Kirschen auflegen und mit dem mittleren Tortenboden abdecken. Diesen mit Kirschwasser tränken und 2 cm hoch mit Sahne bestreichen. Dann den letzten Tortenboden auflegen, die Torte ganz mit Sahne einstreichen, mit Schokoladenspänen bestreuen und mit Sahnerosetten und Kirschen ausgarnieren.

Schwarzwälder Kirschtorte
(verfeinert mit Eierlikör)

Zutaten:
'en: 100 g Zucker, 100 g Butter, 50 g Mehl, 50 g
tärke, 1 Päckchen Vanillezucker, 2 TL Backpulver,
4 Eier, 80 g geriebene Haselnüsse,
150 g Raspelschokolade.
1 Glas Sauerkirschen, 400 ml Sahne, 2 Päckchen
llezucker, Speisestärke, Sahnesteif, ⅛ l Eierlikör.

ung:
haumig rühren, Zucker, Vanillezucker und Eier
und so lange rühren, bis der Zucker aufgelöst
eisestärke und Backpulver sieben, unterrüh-
chließend die Haselnüsse und die Raspel-
nterheben.
ne Springform füllen und bei 175°C ca. 45
n, anschließend in 3 gleich dicke Böden
n und auskühlen lassen.
en mit ca. ¼ l Kirschsaft aufkochen und
binden, ca. 1 Minute köcheln und erkal-
sahne mit Vanillezucker und Sahnesteif
schließend den Eierlikör unterheben.
n mit Schwarzwälder Kirschwasser be-
älfte der Sauerkirschen belegen und et-
r-Mischung aufstreichen. Dann den 2.
zen, mit der anderen Hälfte der Sauer-
belegen und wiederum etwas Sahne-Eierlikör-Mischung aufstreichen. Anschließend 3. Tortenboden aufsetzen. Nun bestreicht man die ganze Torte mit der Sahne-Mischung und verziert die Oberfläche und den Rand mit Raspelschokolade. Zum Schluß 12 Sahnetupfer aufspritzen, in jeden eine Vertiefung drücken, mit Eierlikör auffüllen und mit Kirschen garnieren.

Fällt die Christnacht in den wachsenden Mond, so gibt's ein Jahr, das sich lohnt.

Wirkungsimpulse: Regeneration.

Feierabend auf dem Fallerhof: Johanna (Ursula Cantieni) und Hermann (Wolfgang Hepp).

Johannas Lieblingstorte

Endlich Feierabend! Die Arbeit im Stall ist erledigt, die Marmelade gekocht, der Kuchen gebacken. Feierabend? Vielleicht für Hermann, wenn er aus dem Bürgermeisteramt nach Hause kommt. Nicht für Johanna, denn sie kennt die langen Gesichter ihrer Lieben, wenn die Küche kalt bleibt: „Gibt's nix z'esse?"
Von wegen Feierabend. Johanna ist nicht nur für die Arbeit im Stall und in der Küche zuständig. Auch für die kleinen und großen Probleme der Familie hat sie immer ein offenes Ohr. Sie ist da, wenn's brennt. Deshalb fehlt ihr oft die Zeit, sich ihren eigenen Interessen zuzuwenden. Sie erprobt alternative Wege in der Landwirtschaft wie die Direktvermarktung der Produkte vom Fallerhof oder den biologisch-dynamischen Gartenbau.
Hermann hat für ihre Interessen nur wenig Verständnis und läßt Johanna dies manchmal auch lautstark wissen. Dann kracht und poltert es gehörig bei den beiden. Wenn Johanna scheinbar die Segel streicht, ahnt Hermann meist schon, daß sie noch einen Trumpf in der Hand hat: Sein „Blümle" weiß eben, was sie will.

Rübchentorte

Zutaten:
Teig: 150 g Zucker, 1 Prise Salz, 3 bis 4 Eigelb, 50 g Mehl, ½ Päckchen Backpulver, 300 g rohe geriebene Karotten, 300 g geschälte und geriebene Mandeln, abgeriebene Schale von ½ Zitrone, etwas Zitronensaft, 2 EL Kirschwasser, Eischnee von 3 Eiweiß.
Glasur: Saft von 1 Zitrone, Puderzucker und etwas warmes Wasser.

Zubereitung:
Zucker, Salz und Eigelb schaumig rühren. Danach Karotten und Mandeln unter stetigem Rühren beigeben. Mehl und Backpulver dazusieben und unterrühren, dann Zitronenschale, Zitronensaft und Kirschwasser dazugeben und unterrühren. Zuletzt den Eischnee unter die Masse ziehen. Die Masse in eine gut gefettete und bemehlte Springform füllen und bei 180°C 50 bis 60 Minuten backen.
Die Torte auskühlen lassen. Aus Zitronensaft, Puderzucker und Wasser eine dickflüssige Glasur anrühren und die Torte damit bestreichen. Mit Marzipanrübchen verzieren.

Gelberübentorte

Zutaten:
8 Eier, 400 g Zucker, 400 g roh geriebene gelbe Rüben, 400 g geriebene Mandeln, 1 EL Kirschwasser, 1 TL Zimt, 50 g Kartoffelmehl, Schale einer halben Zitrone, 40 g Marzipan, 2 bis 3 Tropfen gelbe Lebensmittelfarbe.

Zubereitung:
Der Zucker wird mit dem Eigelb schaumig gerührt. Dann gibt man die gelben Rüben zu. Nachdem man diese 15 Minuten mitgerührt hat, mengt man die übrigen Zutaten mit dem steif geschlagenen Eischnee locker darunter. Man füllt die Masse in eine ausgebutterte Tortenform im Durchmesser von 26 cm und bäckt sie bei 160°C 1 Stunde. Nach dem Erkalten glasiert man die Torte mit einer Zuckerglasur und verziert sie mit gelben Rübchen aus Marzipan.

Rieslingtorte

Zutaten:
Mürbeteig: 600 g Mehl, 400 g Margarine, 150 g Zucker, 1 Ei.
Füllung: 1 l Durbacher Riesling, 70 g Puddingpulver (Vanille), 250 g Zucker, 2 EL Vanillezucker, 1,2 kg Äpfel.
Garnitur: ⅛ l Sahne, 50 g Zucker, 100 g gehobelte Erdnüsse oder Mandeln.

Zubereitung:
Äpfel schälen, in etwa 5 mm dicke Streifen schneiden. Puddingpulver mit etwas Wein anrühren. Wein mit Zukker und Vanillezucker zum Kochen bringen und mit dem angerührten Puddingpulver abbinden. Äpfel in die Masse heben.
Zucker, Margarine und das Ei in einer Schüssel kneten, Mehl dazugeben und zu einem schönen Mürbeteig verarbeiten. Mürbeteig in eine Tortenform (Durchmesser 28 cm) etwa 5 mm dick ausrollen und im Ofen vorbacken. 5 cm breite, ebenfalls 5 mm dick ausgerollte Mürbeteig-Streifen in den Rand der Form drücken. Dann die Apfelmasse in die Form geben und den Kuchen bei 200°C im Ofen backen bis die Äpfel weich sind (etwa 1 Stunde).
Die Rieslingtorte sollte nun unbedingt über Nacht kalt gestellt werden.
Vor dem Servieren dann noch garnieren. Dazu die feinherbe Rieslingtorte aus der Form nehmen, mit der steif geschlagenen und mit Zucker gesüßten Sahne verzieren, zum Schluß die gehobelten Nüsse oder Mandeln auf die Sahneverzierung streuen.

Himmelstochtertorte

Diese Torte besteht aus zwei Böden und einer Sahnefüllung. Als erstes werden die beiden Böden gebacken und zum Auskühlen zur Seite gestellt.

Zutaten:
Böden: 150 g Butter, 150 g Zucker, 6 Eier,
1 EL Vanillezucker, 190 g Mehl, 10 g Backpulver,
300 g Zucker, 150 g gehobelte Mandeln.
Füllung: 800 ml Sahne, 2 EL Vanillezucker,
8 Blatt Gelatine, 250 g Preiselbeermarmelade,
100 g Zucker.

Zubereitung:
Eier trennen, Butter, 150 g Zucker und Vanillezucker schaumig rühren, Eigelbe nacheinander zugeben, gesiebtes Mehl und Backpulver unterheben. Eiweiß steif schlagen, 300 g Zucker nach und nach zugeben. Die Eiweißmasse muß gut steif sein. Dann die Eigelb-Teig-Masse in zwei eingefettete Tortenformen (Durchmesser 28 cm) verteilen und glattstreichen. Die Eiweißmasse gleichmäßig darauf verteilen und mit den Mandeln bestreuen. Beide Böden bei 180°C etwa 30 Minuten backen.
Sahnefüllung: Sahne steif schlagen. Gelatine in kaltem Wasser einweichen, das Wasser bis auf 20 ml abschütten, erwärmen und so die Gelantine auflösen. Die aufgelöste Gelatine in die geschlagene Sahne einrühren. Vanillezukker, Zucker und Preiselbeermarmelade unterheben. Nun die Sahnefüllung auf einen der beiden Böden gleichmässig verteilen und den zweiten Boden obenauf legen. Die fertige Torte 2 bis 3 Stunden kalt stellen.

Linzer Torte

Zutaten:
Teig: 250 g Mehl, 200 g Butter, 200 g Zucker,
200 g gemahlene Mandeln, 1 Ei, 3 hartgekochte Eigelb,
100 g geriebene bittere Schokolade,
2 EL Kirschwasser.
Belag: 350 g Himbeermarmelade, etwas Puderzucker
zum Bestäuben.

Zubereitung:
Das Mehl in eine Schüssel sieben. Die gekühlte Butter in Flöckchen auf das Mehl geben. Die Butterflöckchen mit den Fingern rasch im Mehl zerbröseln, so daß sich die Butter mit dem Mehl verbindet, bevor sie weich wird. Dann Zucker und Mandeln dazugeben und kneten, bis sich alles miteinander verbindet. Die hartgekochten Eigelbe mit einem Löffel durch ein Sieb streichen und zusammen mit dem rohen Ei, der geriebenen Schokolade und dem Kirschwasser zu einem Teig verkneten. Den Teig zudecken 1 Stunde kühl stellen.
Gut die Hälfte des Teiges als Tortenboden in eine gefettete und eingemehlte Springform drücken und gleichzeitig einen Rand bilden. Die Himbeermarmelade gleichmäßig auf dem Tortenboden verstreichen.
Aus dem restlichen Teig zehn dünne Streifen formen und als Gitter auf den Tortenbelag legen. Die Teigstreifen am Rand etwas andrücken. Den Backofen auf 200°C vorheizen und die Torte 30 bis 40 Minuten backen. Die noch heiße Torte mit Puderzucker bestäuben.

St. Georgener Haselnußtörtchen

Zutaten:
Teig: 9 Eier, 250 g Zucker, 150 g Mehl, 1 Prise Salz, 1 Messerpritze Zimt, etwas abgeriebene Zitronenschale und Vanille, 100 g geröstete und geriebene Haselnüsse.
Füllung: 100 g geröstete und geriebene Haselnüsse, etwas kalte Milch.
Guß: Puderzucker mit angewärmtem Wasser, etwas Zitronensaft und einem Schuß Rum zu einem dicken Fondant verrühren.
Ganze Haselnüsse zur Verzierung.

Zubereitung:
9 Eigelb mit 150 g Zucker verrühren, 9 Eiweiß mit 100 g Zucker zu Schnee schlagen. Mit den restlichen Zutaten zusammen einen Nuß-Biskuit-Teig herstellen, diesen auf ein mit Backpapier ausgelegtes Blech streichen und bei 200°C ca. 15 Minuten im Backofen ausbacken. Herausnehmen und zum Erkalten auf ein mit Mehl bestäubtes Brett stürzen.
Mit einem runden Ausstecher von 5 cm Durchmesser eng aneinander Plätzchen ausstechen. Die zwischen den Löchern verbleibenden Teigreste mit den Haselnüssen und der Milch zu einer Füllung verrühren.
Nun den Ausstecher auf ein Plätzchen setzen, etwa 3 cm hoch Füllung hineingeben und ein zweites Plätzchen daraufdrücken, so daß sich alles zu einem kleinen „Turm" verbindet – unten und oben je ein Plätzchen, in der Mitte die Füllung. Nun den Ausstechring vorsichtig abziehen. Die Törtchen nunmehr so in den Guß tauchen, daß ein Plätzchen mit dem Guß bedeckt ist. Das Törtchen umdrehen, so daß das Plätzchen mit dem Guß oben ist und in die Mitte eine Haselnuß stecken.

Mokkacreme-Torte

Zutaten:
Teig: 200 g Mehl, 180 g Zucker, 125 g zimmerwarme Butter, 1 Prise Salz, 1 Messerspitze Zimtpulver, abgeriebene Schale von ½ Zitrone, 6 Eier, 100 g Schokolade-Fettglasur.
Füllung: 150 g Zucker, 250 g zimmerwarme Butter, 1 Päckchen Mokka-Puddingpulver, ½ l Milch, 1 EL löslicher Pulverkaffee.
Dekoration: Schokolade-Mokkabohnen, 80 g gröstete Mandelblättchen.

Zubereitung:
Die Butter mit der Hälfte des Zuckers, dem Salz, Zimt und der Zitronenschale schaumig rühren. Die Eier trennen und die Eigelbe nacheinander in die Butter einrühren. Die Fettglasur im Wasserbad schmelzen und unter die Masse ziehen. Das Eiweiß zu Schnee schlagen, während des Schlagens den restlichen Zucker einrieseln lassen. Den steif geschlagenen Schnee unter die Buttermasse heben. Das Mehl auf die Masse sieben und darunterheben. Den Teig in eine Springform füllen und bei 180°C ca. 1 Stunde backen. Den Kuchen auf ein Gitter stürzen und 2 Stunden ruhen lassen.
Füllung: Mit etwas Milch das Puddingpulver anrühren, mit dem Rest der Milch den Pulverkaffee und den Zucker aufkochen, den angerührten Pudding dazugeben und zwei- bis dreimal aufkochen. Den Pudding erkalten lassen, dabei immer wieder einmal umrühren. Die Butter schaumig rühren und den Pudding löffelweise in die Butter einrühren.
Den Kuchen dreimal waagerecht in vier möglichst gleichdicke Böden durchschneiden. Drei Böden gleichmäßig mit der Mokkacreme bestreichen und wieder aufeinan-

dersetzen. Den vierten obersten Boden ebenfalls aufsetzen. Den Rand der Torte und die Oberfläche ebenfalls mit der Creme bestreichen. Mit einem Messer 16 Tortenstücke markieren. Die restliche Creme in einen Spritzbeutel füllen und damit jedes Tortenstück verzieren. Am äußeren Rand der Torte sollte die Verzierung in eine Rosette auslaufen, auf die jeweils eine Mokkabohne gesetzt wird. Den Rand der Torte mit den Mandelblättchen bestreuen.

Narri! Narro! Wenn der Bauer (Peter Schell) zum Clown wird ...!

Karls Lieblingsgebäck

Was läßt man nicht alles über sich ergehen, wenn hinterher ein kühles Bier und gute Fasnetsstimmung auf einen warten?! So besonders glücklich sieht Karl nicht aus, als Christina sein Gesicht jahreszeitgemäß verschönert, aber es geht eben nichts über die Fasnet.
Denn die gehört zum Schwarzwald wie der Freitagabend zum Wochenende. Das weiß eben auch Karl, der kaum einen Freitagabend bei seinen Skatbrüdern im Wirtshaus ausläßt. Wenn es überhaupt einmal einen Grund gibt, den Freitagabend woanders zu verbringen, dann kann das nur Christina sein. Lang genug hatte es schließlich gedauert, bis er in ihr die Frau für's Leben gefunden hat.
Daß Christina Karls Hang zur Tradition teilt, zeigte sie bereits bei der Hochzeit: Sie war es, die darauf bestanden hatte, in voller Tracht vor den Altar zu treten und ihrem Karl das Ja-Wort zu geben. Soviel Traditon war Karl schon fast zuviel.
Und dann auch noch die rote Farbe ins Gesicht!

Scherben

Zutaten:
2 Eier, 1 EL dicker saurer Rahm, 30 g Zucker,
250 g Mehl.

Zubereitung:
Die Zutaten werden verrührt, das Mehl nach und nach dazugegeben und der Teig leicht zusammengearbeitet. Dann wellt man ihn auf dem Brett so dünn als möglich aus und schneidet mit dem Backrädchen verschobene Rechtecke (Rauten) aus. Diese werden mit einer Gabel einige Male eingestochen (gestupft), damit die Scherben nicht zu dicke Blasen bekommen.
Dann bäckt man sie schwimmend in heißem Fett auf beiden Seiten goldbraun, streut Zucker und, nach Belieben, auch Zimt darüber.

Fasnetküchle

Zutaten:
500 g Mehl, 1 Würfel Hefe, ¼ l Milch,
2 Eier, 60 g Butter, 50 g Zucker, 1 Prise Salz,
Ausbackfett, Zucker.

Zubereitung:
Aus den Zutaten einen luftigen Hefeteig bereiten und gehen lassen. Dann den Teig auf ein Holzbrett legen, 1,5 cm dick auswellen und mit dem Teigrädle Rauten ausrädeln. In heißem Fett schwimmend ausbacken und noch warm in Zucker wälzen.

Strauben

Zutaten:
400 g feines Weizenmehl, 10 Eier, ½ Tasse Milch,
etwas Salz. Schmalz oder Fett zum Ausbacken.

Zubereitung:
Alle Zutaten mit dem Schneebesen zu einem glatten Teig verrühren. In einem Topf das Fett heiß werden lassen. Den Teig mit einem Eßlöffel in das heiße Fett einträufeln und schwimmend goldgelb ausbacken. Einmal wenden, mit einer Siebkelle aus dem Topf nehmen und auf Küchenpapier abtropfen lassen.
Strauben können mit Kartoffelsalat oder mit Puderzukker bestreut gegessen werden.

Alemannische Schenkeli

Zutaten:
400 g Mehl, 75 g Butter, 200 g Zucker, 3 Eier, 1 Prise Salz,
1 Schnapsglas Kirschwasser, Zwetschgenwasser oder
Rum, etwas abgeriebene Zitronenschale, Backfett.

Zubereitung:
Das geschmeidige Fett mit Zucker und den Eiern gut schaumig rühren, Salz, Kirschwasser und Zitronenschale untermischen. Das gesiebte Mehl unter die Masse kneten, den Teig auf Pergamentpapier oder Folie geben und zu einer 5 cm breiten und 2 cm hohen Platte formen und in das Papier gut einwickeln. Den Teig 1 Stunde kalt stellen, dann in 1 cm breite Stücke schneiden, diese mit bemehlten Händen zu kleinen, an den Enden zugespitzten Röllchen formen und in nicht zu heißem Fett (ca. 175°C) backen. Die Schenkeli müssen dabei etwas aufspringen.

Gwellti Kichli

Zutaten:
1 Ei, 1 Eigelb, 1 EL Zucker, 2 EL dicke saure Sahne,
1 Prise Salz, ca. 170 g Mehl.

Zubereitung:
Zucker, Ei und das zusätzliche Eigelb, Salz und Sahne werden gut zusammen verrührt. Nach und nach das Mehl dazugeben. Auf einem Arbeitsbrett zu einem glatten Teig verarbeiten. Dann den Teig sehr dünn auswellen und in Rauten schneiden. Jedes Stück mit einer Gabel etwas auseinanderziehen, da es sonst zu große Blasen gibt.
In schwimmendem Fett goldbraun ausbacken. Auf Küchenpapier abtropfen lassen und mit Zucker und Zimt bestreuen. Dazu schmeckt Apfelkompott.
Früher nahm an zum Ausbacken Schweineschmalz, was einen besonderen Geschmack ergibt.

Polsterzipfel

Zutaten:
250 g Butter, 250 g Mehl, 250 g Quark, Marmelade,
etwas Salz, 2 Eier, etwas Milch, Mandelblättchen.

Zubereitung:
Aus Mehl, Quark und Butter einen Teig kneten, diesen auswellen und Kreise von etwa 10 cm Durchmesser ausstechen. 1 TL Marmelade in die Mitte eines jeden Kreises geben, den Rand mit Eiweiß bestreichen, zum Halbkreis zusammenklappen und die Ränder zusammendrücken. Eigelb mit etwas Milch verquirlen, die Kissen damit bestreichen und Mandelblättchen auflegen. Bei 160°C ca. 20 Minuten goldgelb ausbacken.
Zum Schluß kann man sie mit einem Guß aus Puderzukker und Zitrone bestreichen.
Die Polsterzipfel können auch mit einer herzhaften Füllung gefertigt werden, z.B. aus Käse, Schinken oder Hackfleisch.

Nonnenfürzle

Zutaten:
500 g Mehl, 30 g Hefe, 60 g Zucker, ¼ l Milch,
60 g Butter, 1 Prise Salz, Schale von ½ Zitrone,
4 Eier, 100 g Sultaninen, Backfett.

Zubereitung:
Lockeren Hefeteig schlagen, gehen lassen (ca. 40 Minuten). Mit einem Teelöffel Teigstücke abstechen und in heißem Fett goldbraun backen.

Seelenverwandtschaft über Generationen: Wilhelm (Lukas Ammann) und sein jüngster Enkel Bernhard (Karsten Dörr).

Bernhards Lieblingsgebäck

„Ich hab' mich wohl von der Basis entfernt" meint Bernhard, als er im Fallerschen Stall auf die Heugabel tritt und auf seiner Stirn eine große blutunterlaufene Beule wächst. Johanna nimmt es mit einer Mischung aus Amüsement und Wehmut zur Kenntnis: ihren Jüngsten mal wieder bei der Stallarbeit zu sehen! Viel zu selten nämlich läßt Bernhard sich bei seiner Familie blicken. Zu sehr beschäftigt ihn seine Karriere, muß er sich um seine Firma in Freiburg kümmern. Und wäre da nicht sein kleiner Sohn Albert, den er zweimal im Monat zu „Herrenabenden" abholen darf, würde ihn gar nichts mehr nach Hause auf den Fallerhof ziehen.

Denn mit seiner Großfamilie konnte Bernhard eigentlich noch nie so richtig. Unheimlich froh war er, als er für sein Biologie-Studium nach Freiburg umziehen konnte. Nur weg von der ländlichen Enge, rein ins städtische Getümmel. Erlebnis pur und Zerstreuung total ... So stellt sich Bernhard sein Leben vor. Und das findet er eben nur in der Stadt.

Einzig mit seinem Opa verbindet Bernhard heute noch eine tiefere Seelenverwandtschaft. Wilhelm war es auch, der als einziger an ihn glaubte und ihm half, sich beruflich selbständig zu machen.

In einer weiteren Angelegenheit findet Bernhard in seinem Opa einen Mitstreiter – dann nämlich, wenn es gegen Alex, Moniques neuen Lebensgefährten, geht. Denn mittlerweile bedauert Bernhard es fast ein bißchen, sich damals von ihr getrennt zu haben ...

Hildabrötchen

Zutaten:
300 g Mehl, 150 g Butter, 100 g Zucker, 1 Päckchen Vanillezucker, 1 Ei, 1 Glas Johannisbeeregelee, Puderzucker.

Zubereitung:
Aus Mehl, Butter, Zucker, Vanillezucker und dem Ei einen Mürbeteig kneten und im Kühlschrank eine Stunde kalt stellen. Den Teig 2 mm dick auswellen und mit drei unterschiedlich großen kreisrunden oder gewellten Ausstechförmchen Plätzchen ausstechen. Die Plätzchen auf einem eingefetteten Backblech bei 180°C etwa 25 Minuten backen. Die noch heißen Plätzchen wie folgt weiterverarbeiten: das größte mit Gelee bestreichen, darauf das zweitgrößte setzen, dieses ebenfalls mit Gelee bestreichen und das kleinste obenaufsetzten, so daß ein kleiner Turm entsteht. Man muß dabei schnell arbeiten, da die Plätzchen, wenn sie abgekühlt sind, nicht mehr so gut zusammenkleben. Zu Schluß mit Puderzucker bestäuben.

Springerle

Zutaten:
7 Eier, 875 g Staubzucker, 875 g Weizenmehl, etwas Butter zum Bleche fetten und etwas Anis um die Bleche zu bestreuen.

Zubereitung:
Eier und Staubzucker 20 Minuten aufschlagen. Mehl auf den Tisch sieben und einen Kreis formen, die aufgeschlagene Masse mit dem Mehl zusammenarbeiten und ca. 2 Stunden kühlstellen. Danach auf eingemehlter Tischplatte ca. 1 cm dick ausrollen, mit dem Springerlemodel abdrücken, schneiden und auf gut mit Butter gefettete und mit Anis leicht bestreute Bleche setzen. Über Nacht trocknen lassen und dann backen. Oberhitze ca. 170°C, Unterhitze ca. 180°C. Wenn die Springerle von unten hellbraun sind, aus dem Ofen nehmen (nach ca. 12 bis 15 Minuten). Kühl und feucht lagern.

Haferflockenringe

Zutaten:
500 g Mehl, 250 g grobe Haferflocken, 150 g Butter, 250 g Zucker, 1 Ei, Saft und abgeriebene Schale von ½ Zitrone, 5 EL Milch, 1 Päckchen Backpulver. 1 Eigelb und etwas Milch für die Glasur.

Zubereitung:
Die Haferflocken mit dem Wiegemesser mittelfein wiegen und mit 150 g Zucker in einer Pfanne goldbraun rösten. Abkühlen lassen. Butter, Ei und den restlichen Zucker schaumig rühren. Die Haferflocken und alle anderen Zutaten nach und nach dazugeben und zu einem Teig verarbeiten. Den Teig etwa 2 bis 3 mm dick auswellen und Ringe ausstechen. Die Ringe auf ein gebuttertes Backblech legen, das Eigelb mit etwas Milch verquirlen und damit die Ringe einpinseln. Bei 180°C etwa 15 Minuten backen.

Butter-Ausstecherle

Zutaten:
500 g Mehl, 250 g Butter, 160 g Zucker, 3 Eigelbe, abgeriebene Schale von 1 Zitrone, 1 Eigelb zum Bestreichen.

Zubereitung:
Die zimmerwarme Butter mit dem Zucker und den Eigelben schaumig rühren. Mehl und Zitronenschale dazugeben und zu einem Teig verkneten. Den Teig eine Stunde im Kühlschrank kalt stellen. Danach etwa 3 mm dick auswellen und mit Formen ausstechen, auf ein eingebuttertes Backblech setzen, mit Eigelb bestreichen und bei 160°C etwa 12 Minuten goldgelb backen.

Vanillehörnle

Zutaten:
250 g Mehl, 125 g Butter, 50 g Zucker, 50 g Vanillezucker,
1 Ei, Mark von einer Vanilleschote.
Für die Glasur: 100 g Puderzucker, etwas Wasser.

Zubereitung:
Mehl, Butter, Zucker und Ei zu einem Mürbeteig kneten, die Vanilleschote ausschaben und ¾ davon in den Teig einarbeiten. Den Teig eine Stunde im Kühlschrank kalt stellen. Dann aus dem Teig 5 bis 6 cm lange, fingerdicke Stränge formen, die an den Enden etwas dünner werden. Diese zu halbrunden Hörnchen formen und auf einem Backblech bei 170°C etwa 20 Minuten backen. Puderzukker, Wasser und den Rest des Vanillemarks verrühren und die noch ofenwarmen Hörnchen damit einpinseln.

Zimtsterne

Zutaten:
4 Eiweiß, 250 g Puderzucker, 10 g Zimt,
250 g gemahlene Mandeln,
etwas Zitronensaft.

Zubereitung:
Das Eiweiß steif schlagen, Puderzucker und Zitronensaft dazugeben und 15 Minuten kräftig rühren. Von dieser Masse vier Eßlöffel für die Glasur wegnehmen. Zimt und Mandeln unter die restliche Masse rühren. Den Teig auf einem mit Zucker bestreuten Wellbrett ½ cm dick auswellen. Falls der Teig am Wellholz oder am Brett klebt, mit Zucker, nicht mit Mehl bestreuen. Sterne ausstechen und mit der zurückbehaltenen Masse glasieren. Falls die Masse für die Glasur zu fest ist, mit etwas Wasser verdünnen. Die Sterne auf einem mit Backpapier belegtem Backblech bei 130°C etwa 40 Minuten backen.

Spitzbuben

Zutaten und Zubereitung wie bei den Hildabrötchen
mit folgender Abwandlung:

In den Teig werden zusätzlich 100 g geriebene Haselnüsse eingearbeitet, statt Gelee verwendet man Marmelade und statt sie mit Puderzucker zu bestäuben wird das oberste Plätzchen mit einer Glasur aus Puderzucker und Wasser bepinselt.

Dattelmakronen

Zutaten:
250 g getrocknete, fleischige Datteln,
3 Eiweiße, 160 g Zucker, 1 Päckchen Vanillezucker,
1 Prise Salz, 75 g geriebene Haselnüsse,
75 g geriebene Mandeln,
ca. 50 Backoblaten von etwa 4 cm Durchmesser.

Zubereitung:
Die Datteln entsteinen und in dünne Streifen schneiden. Die Eiweiße zu steifem Eischnee schlagen, Zucker, Vanillezucker und Salz langsam zugeben. Datteln, Nüsse und Mandeln unter den Eischnee heben. Mit einem Teelöffel von der Masse kleine Häufchen auf die Oblaten setzen. Bei 170°C etwa 20 Minuten backen.

Kokosmakronen

Zutaten:
200 g Zucker, 3 Eiweiße, 1 Prise Salz, 2 TL Zitronensaft,
250 g Kokosflocken, 50 g Schokoladen-Fettglasur,
ca. 60 Backoblaten von etwa 4 cm Durchmesser.

Zubereitung:
Die Eiweiße zu steifem Schnee schlagen, Zucker, Zitronensaft und Salz langsam dazugeben. Die Kokosflocken mit dem Schneebesen unter diese Masse heben. Mit einem Teelöffel Häufchen auf die Oblaten setzen und bei 160°C etwa 20 Minuten backen. Die Schokoladen-Fettglasur im Wasserbad schmelzen und die Spitzen der abgekühlten Makronen mit etwas Glasur betupfen.

Haselnußmakronen

Zutaten und Zubereitung wie bei den Kokosmakronen mit dem Unterschied, daß statt der Kokosflocken die gleiche Menge feingeriebene Haselnüsse verwendet wird (möglichst die Nüsse selbst frisch reiben).

Haselnußhörnle

Zutaten:
300 g Mehl, 150 g Zucker, 170 g Butter, 1 Ei,
1 TL Backpulver, ½ TL Zimt, 3 EL Kakaopulver,
150 g geriebene Haselnüsse, 100 g zartbittere
Schokoladen-Kuvertüre.

Zubereitung:
In das angehäufte Mehl eine Kuhle drücken, das Ei hineinschlagen, die Butter in kleinen Flocken über das Mehl verteilen, Zucker, Backpulver, Zimt, Kakao und Nüsse darüberstreuen und alles zu einem glatten Teig kneten. Den Teig in eine Folie wickeln und zwei Stunden im Kühlschrank kalt stellen. Dann aus dem Teig 5 bis 6 cm lange, fingerdicke Stränge formen, die an den Enden etwas dünner werden und zu halbkreisförmigen Hörnchen biegen. Auf einem mit Backpapier ausgelegten Backblech bei 200°C etwa 12 Minuten backen. Die Hörnchen auf einem Backgitter abkühlen lassen. Die Kuvertüre im Wasserbad schmelzen und beide Enden der Hörnchen etwa 1 cm tief in die Kuvertüre tauchen. Die Hörnchen auf ein Backpapier legen und trocknen lassen.

Honiglebkuchen

Zutaten:
100 g Butter, 200 g Zucker, 250 g flüssiger Honig,
1 Ei, ½ TL gemahlene Nelken, 1 TL Zimt,
die Schale einer unbehandelten Zitrone, 1 EL Rum,
500 g Mehl, 1 Päckchen Backpulver,
Milch zum Bestreichen,
geschälte Mandeln zum Verzieren.

Zubereitung:
Butter, Zucker und Honig mit dem Ei glattrühren, etwas Mehl und die Gewürze dazugeben und mit den übrigen Zutaten zu einem glatten Teig kneten. Den Teig ca. 2 Stunden ruhen lassen, dann ½ cm dick ausrollen und verschiedene Formen ausstechen. Mit Milch bestreichen und mit Mandeln verzieren. Im Backofen bei knapp 200°C ca. 8 bis 10 Minuten backen.
Man kann den Lebkuchen mit einer Puderzuckerglasur überziehen.

Feine Lebkuchen

Zutaten:
350 g flüssiger Honig, 110 g Zucker,
80 g Butter, 2 TL Zimt, 1 TL gemahlene Nelken,
je 1 Messerspitze Kardamom,
weißer Pfeffer und gemahlener Ingwer,
2 bis 3 Tropfen Bittermandelöl, die geriebene Schale
einer unbehandelten Zitrone, 70 g Zitronat und
70 g Orangeat, sehr fein gewürfelt, 120 g geröstete,
gemahlene Mandeln, 500 g Mehl, 1 Päckchen Backpulver,
Schokoladenglasur oder weiße Puderzuckerglasur.

Zubereitung:
Butter, Zucker und Honig zusammen glattrühren, dann die mit etwas Mehl vermischten Gewürze, die Mandeln, Zitronat und Orangeat dazugeben, danach das mit Backpulver gemischte Mehl einkneten bis ein glatter Teig entsteht.
Den Teig 2 Stunden ruhen lassen, dann ½ cm dick ausrollen und Formen nach Belieben ausstechen. Bei 200°C 8 bis 10 Minuten backen.
Mit Schokoladen- oder Puderzuckerglasur bestreichen.

Mandelherzen

Zutaten:
250 Butter, 120 g Puderzucker, 2 Eigelbe,
120 g ungeschälte, gemahlene Mandeln, 350 g Mehl,
100 g geschälte Mandelhälften.

Zubereitung:
Die Butter mit dem Puderzucker und 1 Eigelb schaumig rühren. Die gemahlenen Mandeln und das Mehl darübergeben und alles zu einem festen Mürbeteig kneten. Den Teig zu einer Kugel formen und in Alufolie oder Pergamentpapier gewickelt mindestens 2 Stunden im Kühlschrank ruhen lassen.
Den Backofen auf 200°C vorheizen. Den Teig ½ cm dick auswellen und Herzen ausstechen. Die Herzen auf ein Backblech legen, das zweite Eigelb verquirlen und die Herzen damit bestreichen. Auf jedes Herz zwei Mandelhälften legen. Die Herzen auf der mittleren Einschubleiste 8 bis 10 Minuten backen, auf dem Backblech etwas abkühlen lassen, noch warm mit einem breiten Messer vom Blech abheben und dann auf einem Kuchengitter erkalten lassen.

Christstollen

Zutaten (für 2 Stollen):
1 kg Mehl, 100 g Hefe, 250 g Zucker, ¼ l lauwarme Milch,
2 Prisen Salz, 400 g zimmerwarme Butter,
je 100 g Zitronat und Orangeat, 100 g Rosinen,
6 EL Rum, je 1 Prise gemahlener Kardamom und Piment.
100 g Butter, 100 g Puderzucker zum Bestreichen
und Bestäuben.

Zubereitung:
Zitronat und Orangeat fein würfeln, zusammen mit den Rosinen in eine Schüssel geben, den Rum darüber geben und zugedeckt etwas durchziehen lassen. Das Mehl in eine Schüssel füllen, eine Kuhle in die Mitte drücken, die Hefe hineinbröckeln, etwas von der Milch dazugeben, mit ein bißchen Mehl verrühren und den Vorteig 30 Minuten zugedeckt gehen lassen. Danach Zucker, die restliche Milch, die Gewürze und die Butter in kleinen Stükken dazugeben und alles zu einem glatten Teig verarbeiten. Der Teig muß so lange geknetet werden, bis er Blasen wirft. Mit einem Tuch abdecken und an einem warmen Ort 1 Stunde gehen lassen. Dann den Teig auf einer bemehlten Arbeitsfläche etwas flachdrücken und Zitronat, Orangeat und Rosinen in den Teig einkneten.
Den Teig nun halbieren, jede Hälfte mit den Wellholz ein bißchen flachdrücken, dann eine Seite bis knapp über die Hälfte einklappen, so daß die typische Stollenform entsteht. Auf ein eingefettetes Backblech legen und nochmals ca. 2 Stunden gehen lassen. Dann bei 200°C ca. 70 Minuten backen. Die Butter schmelzen und den noch heißen Stollen damit bestreichen und dies während des Abkühlens mehrfach wiederholen. Zum Schluß mit Puderzucker dick einstäuben.

Osterlamm

Zutaten:
150 g Mehl, 180 g Zucker, 1 Päckchen Vanillezucker, 100 g Speisestärke, 4 Eier, 4 EL Wasser, 2 TL Backpulver, Puderzucker.

Zubereitung:
Die Eier trennen. Eigelb mit der Hälfte des Zuckers und dem Vanillezucker schaumig rühren. Eiweiß mit dem Wasser zu einem festen Eischnee schlagen, während des Schlagens, bevor der Schnee ganz steif ist, den restlichen Zucker einrieseln lassen. Den Eischnee auf die Eigelbmasse geben und mit einem Löffel vorsichtig unterheben. Mehl, Speisestärke und Backpulver über diese Masse sieben und ebenfalls mit dem Löffel vorsichtig unterheben.
Die Teigmasse in eingefettete Osterlammformen geben und darin ca. 25 Minuten bei 180°C backen. In der Form auskühlen lassen, die Osterlämmer herausnehmen und mit Puderzucker bestreuen.

Osterlaible

Zutaten:
Teig: 500 g Weizenmehl, 220 ml Milch, 35 g Hefe, 35 g Zucker, 120 g Butter, 40 g Orangenschalen, 40 g Zitronenschalen, 1 TL Fenchelkörner, 50 g gehackte Mandeln, 50 g Rosinen, 1 Ei.
Guß: Puderzucker, Zitronensaft, 1 Eiweiß.

Zubereitung:
Zunächst die Zitrusschalen zubereiten. Dazu die Schalen in kleine Würfel schneiden und in Zuckerwasser aufkochen und abkühlen lassen. Diesen Vorgang so oft wiederholen, bis die Zuckerlösung eine sirupähnliche Konsistenz aufweist.
Von einem Teil des Mehls, der angewärmten Milch und der Hefe einen Vorteig herstellen und zugedeckt an einen warmen Ort stellen. Mit dem restlichen Mehl, Zucker, Butter und Milch einen festen Teig kneten, Rosinen, Mandeln und die Zitrusschalen unterkneten und kurz gehen lassen. Den Teig in etwa faustgroße Stücke aufteilen und die Teigstücke zugedeckt nochmals etwas gehen lassen. Dann die Teigstücke auf ein gebuttertes und mit den Fenchelkörnern bestreutes Backblech legen, mit einer Gabel etwas einstupfen, mit dem Ei bestreichen, die Mandeln aufstreuen und bei 230°C im Backofen ca. 30 Minuten goldbraun ausbacken. Noch im heißen Zustand mit dem Zitronen-Zuckerguß glasieren.

Zwei Brüder wie Hund und Katz: Franz (Edgar M. Marcus) und Hermann (Wolfgang Hepp).

Franz' Lieblingsspeise

Wenn Franz zu seinem süffisant-höhnischen Grinsen ansetzt, weiß Hermann, was die Stunde geschlagen hat. Da heißt es, auf der Hut zu sein, sich vorsichtig umzuschauen, ob der „kleine Bruder" nicht ein Messer in Händen hält, bereit, jederzeit zuzustechen. Sprichwörtlich, versteht sich. Denn allzu gerne nämlich würde Franz den großen Bruder „kaltmachen". Natürlich nicht richtig ... Aber doch schon ein bißchen ... Und dazu greift Franz immer wieder zu fiesesten Mitteln. So scheut er sich nicht, am Rande der Legalität zu arbeiten und im gemeinsam geführten Sägewerk Schwarzgelder von einem Kunden anzunehmen, um sie an seinem Bruder vorbei auf einem Privatkonto einzufrieren.

Woher diese Rivalität kommt? Keiner weiß es richtig zu sagen. Böse Zungen behaupten, Franz hätte es nie verwunden, daß Hermann den Hof geerbt hat und nicht er – wie es im Schwarzwald dem jüngsten Sohn eigentlich zusteht. Und Franz wäre sicherlich nicht der erste, der wegen so einer Sache auf Rache sinnt.

Wenn die beiden mal wieder wie zwei Kampfhähne aufeinander losgehen, schafft es nur Wilhelm mit einem deutlichen „Schluß jetzt" seine Söhne auseinanderzubringen und Schlimmeres zu verhüten.

Zwei also wie Hund und Katz. Manchmal gibt es aber auch Situationen, in denen sie friedlich nebeneinanderstehen. Doch wenn man genauer hinschaut, entdeckt man die Faust in der Hosentasche ...

Schwarzwälder Soufflé mit Kirschwasser

Zutaten:
5 Eier, 50 g Butter, 50 g Mehl, ⅛ l Milch, 80 g Zucker, Vanillezucker, 80 ml Schwarzwälder Kirschwasser, Staubzucker.

Zubereitung:
Butter zerlassen, Mehl zugeben, glattrühren, erkalten lassen. Milch mit Zucker und Vanillezucker aufkochen. Dann die Eigelbe unterrühren, das Kirschwasser langsam zugießen und zuletzt das zu Schnee geschlagene Eiweiß unterheben. Auflaufform mit Butter ausstreichen, leicht mit Staubzucker ausstreuen, die Masse einfüllen und bei schwacher Hitze (Mittelhitze) ca. 20 Minuten backen. Mit etwas Staubzucker bestreuen.

Arme Ritter

Zutaten:
2 Eier, 1 EL Zucker, 1 Prise Salz, 12 Weißbrotscheiben, Semmelmehl.

Zubereitung:
Eier, Zucker und Salz verquirlen, Brotscheiben eintauchen, in Semmelmehl wenden und in heißer Butter ausbacken.

Fruchtige Grießschnitten

Zutaten:
½ l Milch, 1 EL Butter, 2 EL Zucker, 1 Prise Salz, 1 Stück unbehandelte Zitronenschale, 4 gehäufte EL Hartweizengrieß, 1 Eigelb.

Zubereitung:
Milch, Butter, Zucker Salz und die Zitronenschale aufkochen, den Hartweizengrieß dazugeben und 10 Minuten aufquellen lassen. Das Eigelb unterrühren. Ein ungefettetes Backblech mit Mehl bestäuben, den Grießbrei etwa 2 cm dick aufstreichen, erkalten lassen. In 8 gleich große Stücke schneiden, diese in Paniermehl wenden. In schäumender Butter in der Pfanne goldgelb ausbacken. Mit Zimtzucker bestreuen.

Fruchtsoße: 500 g Zwetschgen (entkernt) mit 100 g Zukker, ½ Zimtstange, 60 ml Zwetschgenschnaps und etwas Wasser weichdünsten, über Nacht ziehen lassen. Saft abgießen, erhitzen und mit 1 TL Speisestärke binden. Die Früchte pürieren und zum Saft dazugeben, an die Grießschnitten gießen und servieren.

Grießpflutten

Zutaten:
1 l Milch, 200 g Grieß, 1 TL Zucker, 1 Ei, Butter.

Zubereitung:
Grieß in der Milch mit dem Zucker weichkochen, dann das Ei darunterrühren. Die Masse auf einer Platte etwa fingerdick glattstreichen und kalt werden lassen. Dann beliebig große Küchlein abstechen und in der Pfanne in schäumender Butter goldbraun ausbacken.

Wasserschnitten

Zutaten:
500 g Mutschelebrot oder Stangenweißbrot, 375 g Mehl, 4 Eier, Salz.

Zubereitung:
Das Brot in 1 cm dicke Scheiben schneiden. Aus dem Mehl, den Eiern, Salz und Wasser einen sehr dickflüssigen Teig herstellen. Die Brotscheiben in dem Teig wenden.
Inzwischen erhitzt man viel Salzwasser bis zum Kochen und legt behutsam die Brotscheiben hinein. Sobald die Wasserschnitten im Wasser in die Höhe steigen, werden sie mit einem Schaumlöffel herausgenommen, vorsichtig auf eine Platte mit tiefem Rand gelegt und warm gestellt. Vor dem Verzehr werden die Schnitten mit gebräunter Butter abgeschmälzt und sehr heiß gegessen.
Dazu schmeckt knackiger Salat oder Apfelkompott von Boskopäpfeln.
Am nächsten Tag kann man die kalten Wasserschnitten in Butter anbraten und zur Kartoffelsuppe essen.

Pfitzauf

Zutaten:
250 g Mehl, ½ l Milch, 4 Eier, 125 g zerlassene Butter, 1 Prise Salz.

Zubereitung:
Mehl mit Salz und etwas Milch glattrühren, Eier zugeben, restliche Milch erhitzen, kochend heiß mit dem Teig verrühren. Mit zerlassener Butter die Pfitzaufformen ausstreichen und die übrige Butter ebenso heiß an den Teig geben. Die Formen halb füllen. Bei 200°C 25 bis 30 Minuten goldbraun backen. Backofen während der Backzeit nicht öffnen, sonst fallen die Pfitzauf zusammen. Stricknadelprobe nach 25 Minuten. Die Pfitzauf müssen innen noch weich, aber nicht mehr klebrig sein. Das fertige Gebäck mit Zucker bestreuen. Dazu gibt's Kompott.

Ofenschlupfer

Zutaten:
6 altbackene Brötchen, ⅜ l Milch, 6 Äpfel, 500 g Weinbeeren, Zucker, Butter, 3 Eier.

Zubereitung:
Die Brötchen in dünne Scheiben schneiden, in eine Schüssel geben und mit etwas Milch einweichen. 1 Lage Brötchenscheiben in eine gebutterte Auflaufform legen, darauf kommt 1 Lage Apfelschnitze, diese überzuckern, dann wieder eine Lage Brötchenscheiben, dann eine Lage Weinbeeren, bis die Form gefüllt ist, zuletzt als Abschluß wieder eine Lage Brötchenscheiben. Die restliche Milch mit den Eiern verquirlen, darübergießen, Butterstückchen auflegen und 1 Stunde bei 180°C backen.

Bettelmann

Zutaten:
6 altbackene kleine Milchbrötchen oder gleiche Menge altbackenes Brot, 4 Eier, 400 ml warme Milch, 1 Päckchen Vanillezucker, 125 g Zucker, gemahlener Zimt, 2 EL Kirschwasser, 50 g in Kirschwasser eingelegte Rosinen, 50 g Butter, 750 g Äpfel oder Kirschen.

Zubereitung:
Die Kruste der Brötchen oder des altbackenen Brotes abreiben und dieses Weckmehl mit Zimt vermengen; die Milch mit dem Vanillezucker zum Kochen bringen und sie sehr heiß auf die Brötchen oder das Brot schütten, um sie gänzlich aufzuweichen; mit der Hand oder der Gabel zerdrücken; dann das Eigelb, den Zucker, die eingeweichten Rosinen, das Kirschwasser, die in feine Scheiben geschnittenen Äpfel oder die ganzen Kirschen hinzufügen. Das Eiweiß zu Schnee schlagen und es vorsichtig unter diese Masse ziehen. Das Ganze in eine gut ausgebutterte feuerfeste Form gießen, mit Zimt, Weckmehl und Butterflöckchen bestreuen; etwa 1 Stunde im Backofen bei 180°C backen.

Alex' (Folkert Milster) tierische Liebe!

Alex' Lieblingsrezept

„Wann waren Sie eigentlich das letzte Mal im Zoo?" fragte Alex Monique und lädt sie für den nächsten Tag in die Stuttgarter Wilhelma ein. Daß er mit einem Blumentopf bei der schönen Französin nicht weit kommen würde, war ihm schon klar, aber ob er auch schon wußte, daß Elefanten Moniques Lieblingstiere sind? Schon möglich, denn zu welchen Mitteln greift man nicht, wenn es darum geht, das Herz der Angebeteten zu erobern ... unter Umständen eben auch zu einem Elefantenherzen.
Und mit Elefanten kennt er sich aus: Bevor er auf den Fallerhof kam, hatte er einige Zeit in der Stuttgarter Wilhelma praktiziert. Im Schwarzwald wollte er nur einen kranken Kollegen vertreten, doch daraus wurde ein etwas längerer Aufenthalt, wobei der Besuch bei den Elefanten keine kleine Rolle spielte. Es dauerte zwar seine Zeit, doch auf Dauer konnte Monique Alex' Charme doch nicht widerstehen.
Seit geraumer Zeit leben sie nun schon zusammen mit Moniques Sohn Albert im Leibgedinghaus gegenüber dem Fallerhof, wo Alex auch seine neue Praxis eingerichtet hat.
Dort behandelt er nun nicht mehr Elefanten und Krokodile, sondern eher Hunde, Katzen und Kühe. Monique greift ihrem Tierarzt dabei kräftig unter die Arme. Wenn es um alternative Tiermedizin und Homöopathie geht, ist ihre Hilfe Alex manchmal fast zuviel.
Wann waren Sie eigentlich das letzte Mal im Zoo?

Schinken-Käse-Taschen

Zutaten:
300 g tiefgefrorener Blätterteig, 50 g gekochter und 50 g roher Schinken, 100 g Käse (Emmentaler, mittelalter Gouda oder Gruyère), 1 Eigelb, je 1 gut gehäufter EL feingehackte Schalotten und Petersilie, Pfeffer aus der Mühle, etwas Majoran.
1 Eigelb zum Bestreichen.

Zubereitung:
Den Blätterteig auftauen und Rechtecke von ca. 5 cm auf 10 cm ausschneiden. Schinken und Käse sehr fein würfeln und mit den restlichen Zutaten vermischen. Auf eine Teigplatte etwas von dieser Mischung häufeln und eine zweite Teigplatte darüberlegen. Die Ränder anfeuchten und gut zusammendrücken. Die Teigtasche oben mit Eigelb bestreichen. Zur Verzierung kann man zwei dünne Blätterteigstreifen über Kreuz auf die Teigtaschen legen und ebenfalls mit Eigelb bepinseln. Die Teigtaschen auf ein Backblech legen und im vorgeheizten Backofen bei 210°C ca. 15 Minuten goldgelb backen. Die Taschen schmecken am besten heiß und frisch aus dem Ofen.

Mürbes Käsegebäck

Zutaten:
Teig: 250 g Emmentaler, 250 g Butter,
250 g Weizenmehl, 5 g Backpulver, 1 Prise Salz,
etwas Pfeffer, Paprika, Muskatnuß.
Zum Bestreichen: 1 Eigelb mit 1 TL Milch verquirlen.

Zubereitung:
Aus den Zutaten einen Mürbeteig bereiten und gut durchkühlen lassen. Dann 6 bis 10 mm dick ausrollen und verschiedene Formen ausstechen, auf ein Blech legen, mit dem Eigelb-Milch-Gemisch bestreichen und mit Mandeln, Haselnüssen, Walnüssen, Pistazien, Mohn, Sesam oder Sonnenblumenkernen ausgarnieren.
Bei ca. 180°C backen. Damit das Gebäck knusprig bleibt, trocken lagern.

Käse-Speck-Torte

Zutaten:
Teig: 200 g Mehl, 100 g Butter, ½ TL Salz, ca. 6 EL Wasser.
Belag: 200 g durchwachsener, leicht geräucherte Speck, 120 g frisch geriebener Emmentaler Käse oder ein anderer, aromatischer Hartkäse wie z. B. Gruyère oder auch eine Mischung aus beiden, 3 Eier, ¼ l Sahne, weißer Pfeffer aus der Mühle.

Zubereitung:
Das Mehl auf ein Backbrett häufen, die Butter in Flöckchen darauf verteilen, Salz darüberstreuen, eine Mulde in das Mehl drücken, Wasser hineingeben und alles zu einem Mürbeteig verkneten. Den Teig in eine Plastikfolie fest einwickeln und zwei Stunden in den Kühlschrank legen.
Dann den Teig sehr dünn, maximal 3 mm dick auswellen und in eine Springform geben, einen kleinen Rand bilden. Den Teigboden mit einer Gabel ein paarmal einstechen.
Den Speck in feine Streifen schneiden und gleichmäßig auf dem Teig verteilen. Eier, Sahne, Käse und Pfeffer miteinander verquirlen. Je nachdem wie salzig Speck und Käse sind, die Masse mehr oder weniger nachsalzen. Die Masse auf dem Teig verteilen. Den Backofen auf 200°C vorheizen und die Torte ca. 30 Minuten backen.
Man kann die Käse-Speck-Torte noch verändern, indem man zur Käse-Speck-Masse noch in feine Streifen geschnittenes Gemüse (Lauch, Karotten, Spinat) dazugibt.

Flammkuchen

Zutaten:
Teig: 500 g Weizenmehl, ½ Würfel Hefe, 1 TL Salz,
¼ l lauwarmes Wasser.
Grundbelag: ¼ l saure Sahne, ¼ l süße Sahne,
100 g Magerquark, 1 Ei, ½ EL Öl, Salz,
etwas Muskat.

Zubereitung:
Aus den Zutaten einen elastischen Teig kneten und schlagen, bis er Blasen wirft. Mit einem Tuch abdecken und an einem warmen Ort etwa 2 Stunden gehen lassen. Den Teig in vier Portionen teilen und auf dem Wellbrett, das gut bemehlt sein muß, möglichst dünn (etwa die Stärke eines Messerrückens) auswellen. Eine Teigplatte auf ein Backblech legen, mit den Fingern einen kleinen Rand andrücken und mit dem Grundbelag, für den alle Zutaten mit dem Schneebesen gut miteinander verrührt werden, dünn (2 bis 3 Millimeter dick) bestreichen und im auf 220°C vorgeheizten Backofen etwa 15 Minuten backen, so daß der Rand knusprig braun ist.
Die restlichen drei Teigportionen nacheinander backen, damit der Flammkuchen immer ganz frisch aus dem Ofen auf den Tisch kommt. Es können dann auch folgende Varianten beim Belag ausprobiert werden:
Zwiebel-Flammkuchen: 2 große Gemüsezwiebeln sehr fein schneiden und in etwas Öl glasig dünsten und auf dem Grundbelag gleichmäßig verteilen.
Speck-Flammkuchen: 100 g Räucherspeck in sehr feine Streifen schneiden und gleichmäßig auf dem Grundbelag verteilen.
Möglich ist natürlich auch einen Kombination aus Zwiebel- und Speck-Flammkuchen.

Einfacher Rahmkuchen vom Blech

Zutaten:
500 g Weißbrotteig vom Bäcker,
250 g Quark (mittelfett), 150 ml Sauerrahm,
2 Eier, Salz, Pfeffer aus der Mühle, frische Kräuter
(Schnittlauch, Petersilie) fein hacken.

Zubereitung:
Den Brotteig sehr dünn auswellen und ein Backblech damit auslegen, einen kleinen Rand formen. Die Zutaten für den Belag miteinander vermischen und abschmecken. Im vorgeheizten Backofen bei 250°C ca. 12 Minuten backen.

Die Mädels vom Fallerhof: Christina (Carmen-Dorothé Moll) und Monique (Anne von Linstow).

Moniques Lieblingsrezept

Christina kam auf den Fallerhof und blieb, denn sie verliebte sich in Karl, und Karl verliebte sich in sie. Auch Monique führte die Liebe in den Schwarzwald, doch bei ihr verging sie recht schnell: sie trennte sich von Bernhard. Dennoch blieb sie auf dem Fallerhof und zog mit ihrer neuen Liebe, dem Tierarzt Alex Fehrenbach, und ihrem Sohn Albert ins Leibgedinghaus.
Bernhard ist darüber nicht gerade entzückt! Aber der Weg zur Mutter führt bekanntlich über das Kind, und so ist der jüngste Fallersohn in letzter Zeit auffällig bemüht um seinen Sohn. Das wiederum mißfällt Alex. Und Monique steht zwischen den beiden. Sie bemüht sich, zu vermitteln, doch wenn die beiden Streithähne ihr Spiel zu doll treiben ist es schon gut, eine Freundin wie Christina zu haben. Gerade wenn es um die Macken der Fallersöhne geht, kennt sie sich bestens aus!

Schnitzbrot (Birnenwecken)

Zutaten:
Teig wie beim Hutzelbrot herstellen oder 1 kg fertigen Schwarzbrotteig beim Bäcker kaufen.
600 g gedörrte Birnenschnitze, 250 g getrocknete Feigen, 150 g Rosinen, 250 g grob gehackte Walnüsse oder Haselnüsse, 1 EL Kakao, ½ TL Zimt, ¼ TL gemahlene Nelken, ¼ TL gemahlener Anis, etwas abgeriebene Zitronenschale, 1 Prise Salz, 1 EL Zucker,
vier EL Birnenwasser,
Butter zum Einfetten der Backform.

Zubereitung:
Birnenschnitze in einem Topf knapp mit Wasser bedeckt 2 Stunden einweichen, dann kurz aufkochen, absieben und das Kochwasser auffangen. Birnenschnitze quer halbieren. Die Feigen würfeln. Dann alle Zutaten mit dem Teig kräftig verkneten. Falls der Teig zu trocken ist, von dem Einweichwasser zugeben. Eine Kasten-Backform einfetten, den Teig einfüllen, mit einem Tuch abdecken und eine halbe Stunde ruhen lassen. Zwischenzeitlich das restliche Einweichwasser dickflüssig einkochen. Die Oberseite des Schnitzbrotes damit einpinseln, den Backofen auf 160°C vorheizen und das Schnitzbrot 2 Stunden backen. In der Form abkühlen lassen, herausstürzen und an einem trockenen und kühlen Ort aufbewahren. Es hält sich mehrere Wochen. Vor dem ersten Anschnitt sollte es zwei Tage geruht haben, damit sich die Aromastoffe aller Zutaten entfalten und durchziehen können.

Grahambrot

Zutaten:
400 g Weizenschrot, 400 g Mehl, 40 g Hefe,
½ l lauwarme Milch, 1 TL Salz,
⅛ l Sonnenblumenöl.

Zubereitung:
Mehl und Weizenschrot in einer Schüssel miteinander vermischen. In die Mitte eine Mulde drücken, die Hefe hineinbröckeln, die Hälfte der Milch dazugeben, etwas Mehl dazugeben und zu einem Vorteig vermischen, mit einem Tuch zudecken und an einem warmen Ort 15 Minuten gehen lassen. Dann die restliche Milch, das Salz und das Öl dazugeben und alles zu einem glatten Teig verkneten und so lange schlagen, bis er Blasen wirft. Dann den Teig nochmals 30 Minuten gehen lassen. Sodann auf einer bemehlten Arbeitsfläche einen Brotlaib formen, ein Backblech mit Mehl bestäuben, den Laib daraufsetzen und nochmals 20 Minuten gehen lassen, dann den Laib auch noch mit Mehl leicht bestäuben.
Im vorgeheizten Backofen bei 200°C ca. 50 Minuten backen. Während des Backens ein feuerfestes Schälchen mit Wasser im Backofen auf den Boden stellen.

Schwarzwälder Bauernbrot

Zutaten:
140 g Roggenmehl, 700 g Weizenmehl,
310 g Sauerteig, 20 g Salz, 20 g Hefe,
480 ml ca. 25°C warmes Wasser.
Sauerteig: wie beim Speck- und Zwiebelbrot.

Zubereitung:
Alle Zutaten gut durchkneten und zu einem Teig verarbeiten und dann abgedeckt ca. 10 Minuten bei Zimmertemperatur gehen lassen. Dann den Teig aufteilen, je nach dem, wie groß man die Brote wünscht und zu Laiben formen. Die Laibe abgedeckt weitere 25 Minuten gehen lassen. Dann im vorgeheizten Backofen bei 230°C ca. 35 Minuten backen.

Varianten:
Statt Wasser kann man nach Belieben und je nach Geschmack auch Milch, eine Milch-Wasser-Mischung oder eine Milch-Sauerrahm-Mischung nehmen.
Ersetzt man etwa 10 % des Mehls durch Schrot, dann erhält man ein noch intensiver schmeckendes Brot.
Weitere Gewürze wie Kümmel oder Fenchelsamen geben dem Brot einen besonderen Geschmack.

Frühstücksbrötchen aus Weizenschrot

Zutaten:
500 g Weizenschrot, 40 g Hefe, 2 TL Salz,
½ TL Zucker, 3 EL Sonnenblumenöl,
¼ l lauwarmes Wasser.

Zubereitung:
Den Weizenschrot in eine Schüssel schütten, eine Mulde in die Mitte drücken, die Hefe hineinbröckeln und mit dem Zucker, der Hälfte des Wassers und etwas Weizenschrot einen Vorteig kneten, mit einem Tuch abdecken und an einem warmen Ort 15 Minuten gehen lassen. Die restlichen Zutaten dazugeben, kräftig alles miteinander verkneten und den Teig nochmals 1 Stunde gehen lassen. Aus dem Teig mit bemehlten Händen etwa 18 gleichgroße Brötchen rollen, auf ein bemehltes Backblech setzen, mit Mehl bestäuben, die Brötchen mit einem Tuch abdecken und nochmals 30 Minuten gehen lassen. Im auf 200°C vorgeheizten Backofen ca. 25 Minuten backen. Während des Backens eine kleine, feuerfeste und mit Wasser gefüllte Schale auf den Boden des Backofens stellen.

Speck- und Zwiebelbrot

Zutaten:
460 g Sauerteig, 275 g Roggenmehl, 500 g Weizenmehl,
20 g Salz, 20 g Hefe, 450 ml etwa 25°C warmes Wasser,
100 g Speck, 100 g Zwiebeln.

Sauerteig: Entweder fertig beim Bäcker kaufen oder wie folgt selbst herstellen:
225 g Roggenmehl mit 225 ml 25°C warmem Wasser und 12 g Anstellgut (das ist eine im Fachhandel erhältliche Mischung aus Milch- und Essigsäure) gut durchkneten und dann abgedeckt bei Zimmertemperatur mindestens 15 Stunden und höchsten 40 Stunden stehen lassen.

Zubereitung:
Speck und Zwiebeln klein würfeln und mit etwas Butter andünsten. Abkühlen lassen (solche und andere Zutaten dürfen dem Teig niemals heiß beigegeben werden). In der Zwischenzeit alle anderen Zutaten zu einem Teig verarbeiten und etwa 10 Minuten abgedeckt bei Zimmertemperatur gehen lassen. Den Teig sodann aufteilen, je nach dem, wie groß man die Brote wünscht und zu Laiben formen. Diese Laibe dann noch ca. 25 Minuten abgedeckt bei Zimmertemperatur gehen lassen. Dann im vorgeheizten Backofen bei 230°C ca. 35 Minuten backen.

Hutzelbrot

Zutaten:
500 g Roggenmehl, 40 g Hefe, 1 Prise Salz,
250 g getrocknete und entkernte Pflaumen,
350 g getrocknete Birnenschnitze,
100 g getrocknete Aprikosen, 250 g getrocknete Feigen,
125 g Korinthen, 125 g Rosinen,
50 g Orangeat, 50 g Zitronat,
150 g grob gehackte Walnüsse,
125 g Zucker, 1½ TL Zimt, ½ TL gemahlene Nelken,
⅛ l Kirschwasser, 100 g geschälte Mandeln.

Zubereitung:
Pflaumen, Birnen, Aprikosen und Feigen über Nacht in einer Schüssel mit Wasser bedeckt einweichen lassen. In ein Sieb abgießen, das Einweichwasser auffangen. Die eingeweichten Früchte in kleine Würfel schneiden. Orangeat und Zitronat sehr klein würfeln. Mit den Rosinen und Korinthen alles zusammen in eine Schüssel geben. Zucker, Zimt, Nelken und das Kirschwasser dazugeben, alles gut vermischen und 1 bis 2 Stunden durchziehen lassen.
Das Mehl in eine Schüssel geben und in die Mitte eine Vertiefung drücken. Die Hefe in die Vertiefung bröckeln, ein bißchen vom Einweichwasser, das lauwarm sein muß, dazugeben, etwas Mehl darüberstreuen, mit einem Tuch die gesamte Schüssel abdecken und alles etwa 20 Minuten ruhig stehen und als Vorteig gehen lassen. (Man kann auch bei einem Bäcker fertigen Schwarzbrotteig kaufen.)
Nun die Früchtemasse, Salz und ein bißchen Einweichwasser dazugeben und alles zu einem Teig kneten. Gegebenenfalls weiteres Einweichwasser dazugeben, bis der Teig die richtige geschmeidige Konsistenz hat. Den Teig mit einem Tuch bedecken und etwa 2 Stunden an einem warmen Ort ruhen lassen. Nun aus der Teigmasse 2 bis 3 längliche Laibe formen und diese auf ein mit Mehl bestäubtes oder mit Backpapier ausgelegtes Backblech setzen. Die Laibe nun abgedeckt weitere zwei bis drei Stunden gehen lassen (man kann sie auch über Nacht stehen lassen). Nun den Rest des Einweichwassers dickflüssig einkochen und damit die Laibe einstreichen. Die Mandeln halbieren und gleichmäßig die Laibe damit garnieren. Den Backofen auf 160°C vorheizen und die Hutzelbrote auf der unteren Einschubleiste rund 90 Minuten backen. 5 Minuten vor dem Ende der Backzeit die Hutzelbrote nochmals mit dem Rest des eingedickten Einweichwassers bestreichen. Die Hutzelbrote auf einem Backgitter abkühlen lassen. Vor dem ersten Anschneiden sollte das Hutzelbrot ein bis zwei Tage ruhen, damit die Aromastoffe aller Zutaten gut durchziehen können. An einem kühlen und trockenen Ort aufbewahrt, hält es sich mehrere Wochen.

Café Feldbergblick, Titisee-Neustadt/Schwärzenbach

Idyllischer könnte die Lage kaum sein: zwischen Wald und Wiesen und mit Blick auf den Feldberggipfel steht das rustikale, mit Schindeln verkleidete Haus hoch über Neustadt, nachdem man etliche Kilometer und ein paar Dutzend Kurven auf schmalen Straßen hinter sich gebracht hat. Es hat eine bewegte Vergangenheit. Um die Jahrhundertwende gehörten alle Häuser des Weilers zu einer Uhrenfabrik. Als diese 1928 pleite ging, kaufte der Onkel des heutigen Besitzers, ein ehemaliger Professor der Theologie aus Freiburg, das Haus aus der Konkursmasse – und eröffnete ein Schullandheim für seine Studenten. 1950 ging es mit der Gastronomie los, Hubert Vogelbacher ist 1980 eingestiegen. Der gelernte Koch hat sich seitdem der Bäckerei verschrieben: 65 verschiedene Kuchen – alle selbstgemacht – hat er in seinem Repertoire, zwischen 15 und 25 davon ständig vorrätig. Wer sich bei Kaffee und Kuchen hier niederläßt und im Gastraum umsieht, entdeckt schnell die Bezüge zur Geschichte des Hauses: zahlreiche alte Uhren schmücken die Wände, um die Hubert Vogelbacher von manchem Gast und Sammler beneidet wird.

Café Feldbergblick, Ahornhäuser 19,
79822 Titisee-Neustadt/Schwärzenbach

Tel.: 07657/463, Fax: 07657/1063

Montag Ruhetag, 10. November bis Weihnachten geschlossen

---

8 Zimmer, DZ mit Frühstück ab 74,– DM

Spezialitäten: Streuselkuchen, Löffelbiskuitkuchen, Schwarzwälder Kirschtorte.

Aprikosen-Kuppel-Torte

Zutaten:
4 Becher Natur-Joghurt, 200 g Zucker,
2 EL Vanillezucker, Saft einer halben Zitrone,
1 l geschlagene Sahne, 1 Dose (850 ml) Aprikosen,
9 Blatt weiße Gelatine, 300 g Löffelbiskuit,
40 ml Aprikosen-Brandy,
40 ml Aprikosensaft (aus der Dose).

Zubereitung:
Für die Garnitur ⅛ l der Sahne und 6 der Aprikosen zur Seite legen.
Joghurt, Zucker, Vanillezucker und den Zitronensaft in eine Schüssel geben und miteinander verrühren. Aprikosen in Würfel (ca. 1 cm Seitenlänge) schneiden. Gelatine in kaltem Wasser einweichen, Wasser bis auf 20 ml abschütten, erwärmen und so die Gelatine auflösen. Die geschlagene Sahne unter die Joghurtmasse ziehen und die Gelatine unterrühren. Diese Masse in eine Kuppelform (Durchmesser 28 cm) geben und die Aprikosenwürfel in dieser Masse verteilen. In einem Teller den Brandy und den Aprikosensaft vermischen, die Löffelbiskuits damit tränken und auf die Masse in der Kuppelform legen.
Über Nacht zum Durchziehen kalt stellen.
Die Kuppelform auf eine Tortenplatte stürzen. Sollte es Probleme geben, die Torte aus der Form zu bringen, kann man die Form mit einem heißen Tuch von außen etwas anwärmen.
⅛ l Sahne steif schlagen und mit etwas Zucker und Sahnesteif süßen. Die Sahne in einen Spritzsack mit Sterntülle geben und die Torte damit an der Seite etwa ⅓ hoch garnieren. Die zurückgelegten Aprikosen vierteilen und stehend an die Sahne garnieren.

92 Konditorei Café Kammerer, St. Georgen

Mit einer anspruchsvollen Gastronomie und Hotels der etwas gehobeneren Art war die sonnige Bergstadt St. Georgen noch nie im Übermaß gesegnet. Ein Glücksfall deshalb für Gäste wie für Einheimische, daß es das Café Kammerer gibt – und das nun schon in der fünften Generation. Im Januar 1995 hat Sabine Kammerer zusammen mit ihrem Mann Uwe Hoffmann das Haus von ihren Eltern Elisabeth und Oswald Kammerer übernommen. Und wer die handgefertigten Pralinen, die selbstgemachte Schokolade und die Fülle feinster Konditoreierzeugnisse sieht und schmeckt hat keine Zweifel, daß die Zukunft des Hauses in guten Händen liegt. Das Kammerer ist eine St. Georgener Institution. Schon früher, als es noch im alten Haus schräg gegenüber untergebracht war, gaben sich Kaffeetanten, Abiturienten und lokale Größen die Türklinke in die Hand. Seit 1970 der Neubau bezogen wurde, gibt es nun schöne Gästezimmer mit herrlichem Blick hinunter ins Brigachtal und zum Klosterweiher.

Hotel-Café Kammerer, Hauptstraße 23, 78112 St. Georgen

Tel.: 07724/93920, Fax: 07724/3180

Öffnungszeiten Café: Dienstag bis Samstag 8.30 Uhr bis 18.30 Uhr, Sonntag 11 Uhr bis 18 Uhr, Montag Ruhetag, Hotel kein Ruhetag.

---

18 Zimmer, DZ mit Frühstück ab 124,– DM

Spezialitäten: Selbstgemachte Pralinen, süße Kuckucksuhren, Schwarzwälder Kirschtorte zum Mitnehmen.

Birewegge

Zutaten:
Teig: 800 g Weizenmehl, 200 g Roggenmehl, 40 g Zucker, 40 g Schmalz, 80 g Hefe, Salz, Zimt, Nelken, Anis.
Trockenfrüchte: 500 g Birnen, je 250 g Pflaumen, Feigen, Aprikosen und Sultaninen, je 100 g Datteln, Mandeln und Haselnüsse, 50 g Pistazien.
Glasur: Fruchtbrühe und Kartoffelmehl.

Zubereitung:
Die Trockenfrüchte über Nacht in Wasser einweichen, abgießen und das Einweichwasseer (Fruchtbrühe) auffangen.
Aus einem Teil des Mehls, etwas warmer Fruchtbrühe und Hefe einen Vorteig herstellen, zudecken und an einen warmen Ort stellen. Wenn der Vorteig gut aufgegangen ist, wird er mit dem restlichen Mehl, den Gewürzen und weiterer Fruchtbrühe zu einem festen Teig geknetet. Dann die gut abgetropften und in Stücke geschnittenen Früchte und die grob gehackten Nüsse und Pistazien unterkneten. Durch die Früchte wird der Teig wieder wesentlich weicher. Den Teig entweder in eine gefettete, längliche Kastenform füllen oder zu einem länglichen Laib formen und auf ein eingefettetes Backblech legen, mit Wasser bestreichen und mit halbierten Mandeln belegen. Bei 230°C ca. 75 Minuten backen.
Inzwischen aus der restlichen Fruchtbrühe und etwas Kartoffelmehl eine dickflüssige Glasur herstellen. Den noch heißen Bireweggen mit der Glasur überglänzen und auf einem Gitter abkühlen lassen.

Bäckerei und Konditorei Simon Knöpfle, St. Peter

So wie es im Hochschwarzwald früher üblich war, gehörte auch zu den Vorläufern der heutigen Bäckerei Knöpfle eine eigene wassergetriebene Mühle. Die ersten Urkunden, aus denen sich die heute mitten in St. Peter im Schatten der barocken Klosterkirche gelegene Bäckerei ableiten läßt, reichen bis ins Jahr 1602 zurück. Rombach und Weber hießen die früheren Besitzerfamilien. 1960 heiratete Hubert Knöpfle ein (gebürtig übrigens in Schollach bei Eisenbach, wo 1906 der Skilift das Licht der Welt erblickte – eine Erfindung eines Hochschwarzwälder Tüftlers mit dem so schönen wie beziehungsreichen Namen Winterhalter). Sohn Simon, gelernter Bäckermeister, hat den Betrieb Anfang 1997 übernommen und setzt damit in fünfter Generation eine Familientradition fort, die mit dem Kauf der Mühle und der Bäckerei im Jahre 1848 durch den Ur-Ur-Großvater des heutigen Inhabers begonnen hat. Simon Knöpfle, Jahrgang 1972, gehört zu jenen Bäckern einer jungen Generation, die den Backtraditionen vergangener Tage nicht nur nachtrauern, sondern deren Ehrgeiz es ist, jenes Geschmackserlebnis „Brot“ wiederzubeleben, das man manchmal schon verloren glaubte.

Bäckerei Simon Knöpfle, Zähringerstr. 4, 79271 St. Peter

Tel.: 07660/220, Fax: 07660/920005

Geöffnet Montag bis Freitag von 6.30 Uhr bis 12. 30 Uhr und von 14 Uhr bis 18 Uhr, Samstag von 6.30 Uhr bis 12.30 Uhr

---

Spezialitäten: traditionelle Brotsorten, Butterkuchen.

Butterkuchen

Zutaten:
Teig: 500 g Weizenmehl, 170 ml zimmerwarme Milch, 75 g Zucker, 100 g Butter, 1 Ei, 1 Eigelb, 40 g Hefe, 5 g Salz.
Belag: 100 g Butter, gehobelte oder gestiftelte Mandeln und Zucker nach Belieben.

Zubereitung:
Die Zutaten zu einem Teig gut durchkneten und dann 15 bis 20 Minuten gehen lassen. Ein Backblech mit Butter einfetten, den Teig gleichmäßig auf dem Blech verteilen und abgedeckt nochmals ca. 10 Minuten gehen lassen. Dann mit den Fingern viele kleine Mulden in den Teig eindrücken und in diese insgesamt 100 g Butter in kleinen Stückchen legen. Je nach Geschmack mit Zucker und den Mandeln bestreuen. Danach das Blech abdekken und den Teig nochmals 10 Minuten gehen lassen. Dann bei 220°C im Backofen ca. 20 Minuten backen.

94 Café Becker, Titisee-Neustadt (Ortsteil Titisee)

Wer mitten in der Touristenhochburg Titisee seine Zelte aufschlägt, muß schon eine besondere Portion Engagement mitbringen, um von sich behaupten zu können, mit seinem Repertoire etwas besonderes zu bieten. Vor acht Jahren haben Cathy und Uwe Becker den Sprung vom Waldhaus Tannenhain in Hinterzarten hierher in die Ortsmitte von Titisee gewagt – und seitdem setzen sie noch mehr als früher auf die Karte „Klasse statt Masse". Das zeigt sich beispielsweise bei – vordergründig – so einfachen Dingen wie etwa Speiseeis. Uwe Becker sieht seinen Ehrgeiz nicht darin, ständig eine riesige Palette von 20 oder 30 Eissorten parat zu halten, die dann fast zwangsläufig länger herumstehen und nicht immer taufrisch sein können. Lieber bescheidene sieben oder acht Sorten – die dann aber in Premium-Qualität. Daß man bei den Beckers jedoch in erster Linie in einem Café und nicht in einem Eissalon sitzt, zeigt schon der Blick auf die Tische: unter einer Glasplatte sind in allen Tischen Kaffeebohnen eingelegt – eine hübsche Unterlage für gemütliche Kaffeestunden.

Café Becker, Alte Poststraße 1,
79822 Titisee-Neustadt, Ortsteil Titisee

Tel.: 07651/88111

Geöffnet Dienstag bis Sonntag von 9 Uhr bis 19 Uhr,
Montag Ruhetag

Spezialitäten: hausgemachte Waffeln, Käse-Mandel-Kuchen, Eis.

Badische Winzertorte

Zutaten:
Teig: 250 g Mehl, 150 g Butter, 1 Ei, 20 g Zucker,
1 Prise Salz, 50 ml Wasser.
Belag: 800 g Weintrauben, 50 g Semmelbrösel,
100 g Walnußkerne, 1 Prise Zimt, 75 g Zucker, 3 Eier,
1/8 l Milch, 100 g Crème fraîche,
20 ml Gewürztraminer-Trester.

Zubereitung:
Aus den Zutaten am Vorabend einen Mürbeteig herstellen. Eine Backform mit dem Teig auslegen, mit einer Gabel mehrmals einstechen. Etwas Semmelbrösel darüberstreuen. Die Walnüsse hacken und gleichmäßig verteilen, mit Zimt alles bepudern und dann die Trauben darauflegen. Dann Eier, Milch, Crème fraîche und den Zucker miteinander verrühren, den Trester dazugeben und diese Mischung über die Trauben in die Form geben.
Bei ca. 180°C im Backofen 35 bis 40 Minuten backen. Wenn der Kuchen etwas abgekühlt ist, mit Puderzucker bestreuen.

Confiserie-Café-Conditorei H. Mayerhöfer, Furtwangen

Mitten im Ort am Marktplatz steht ein ebenso schmuckes wie stattliches Haus, die „Confiserie-Café-Conditorei H. Mayerhöfer". Diese drei „hohen C" haben Edeltraud und Hansjörg Mayerhöfer nicht etwa um des schönen Titels willen gewählt, sondern weil ihre Produktpalette tatsächlich alle drei zwar miteinander verwandten, aber letztendlich doch recht unterschiedlichen Varianten eines „süßen" Angebotes bedient. Schon das Wort „Confiserie" läßt einem das Wasser im Munde zusammenlaufen. Mit 40 verschiedenen hausgemachten Pralinen, mit eigener Tafelschokolade, feinem Teegebäck und handgefüllten Ostereiern werden denn auch alle Erwartungen reichlich erfüllt. Das um die Jahrhundertwende gegründete Café, das zunächst von der Familie Ketterer, dann von der Familie Neumaier betrieben wurde, haben die Mayerhöfers 1968 gepachtet und 1971 dann gekauft, nachdem der in Mosbach geborene und in Achern am Fuße des Schwarzwaldes aufgewachsene Konditormeister seine Lehr- und Wanderjahre in renommierten Cafés in Bühl, Furtwangen und in der Pfalz absolviert hatte.

Confiserie-Café-Conditorei H. Mayerhöfer, Marktplatz 16, 78120 Furtwangen

---

Tel.: 07723/7842, Fax: 07723/7536

Öffnungszeiten Dienstag bis Samstag von 8.30 Uhr bis 18 Uhr, Sonntag von 10 Uhr bis 18 Uhr, Montag Ruhetag

---

Spezialitäten: Hausgemachte Pralinen, Schokolade, Osterhasen und Ostereier, Teegebäck.

Linzer Torte

Zutaten:
200 g Weizenmehl, 60 g Semmelbrösel,
85 g fein gemahlene Haselnüsse, 170 g Butter,
110 g Zucker, 1 Ei, 9 g Backpulver, 1 TL Kakao,
1 EL Kirschwasser, etwas Zimt, 1 Messerspitze Nelken,
etwas Muskatnuß, 1 Prise Salz,
350 g Himbeer-Johannisbeermarmelade.
Zum Bestreichen: 1 Eigelb, 1 TL Milch.

Zubereitung:
Von allen Zutaten (mit Ausnahme der Marmelade) einen Mürbeteig bereiten und über Nacht kühlstellen. Rundes Kuchenblech mit Butter einfetten, ⅔ des Teiges 8 mm dick ausrollen und für eine Form von 26 cm Durchmesser ausstechen. Auf das Blech legen, Marmelade bis 1 cm vom Rand aufstreichen. Restlichen Teig 3 mm dick ausrollen und 1 cm breite Streifen schneiden, danach mit Eigelb und etwas Milch (verquirlt) bestreichen und auf die Marmelade in Gitterform auflegen. Restteig lang rollen und als Rand um die Torte legen, als Verzierung mit einem Löffelstiel den Rand etwas eindrücken und ebenfalls mit Eigelbmilch bestreichen.
Backzeit 25 bis 30 Minuten bei ca. 180 bis 190°C. Vor dem Verzehr ca. 3 Tage kühl und feucht lagern.

„... und bevor ich mir jetzt die Hände waschen gehe, will ich Ihnen noch verraten, daß es von den Fallers auch ein Kochbuch gibt. Mit unseren Lieblingsrezepten, dem großen Faller-Festtagsmenü und mit einer Anzahl von empfehlenswerten Schwarzwälder Landgasthöfen."
Erhältlich in jeder Buchhandlung!